August Preuner

Über die Venus von Milo

Eine archäologische Untersuchung auf Grund der Fundberichte

August Preuner

Über die Venus von Milo
Eine archäologische Untersuchung auf Grund der Fundberichte

ISBN/EAN: 9783743655065

Hergestellt in Europa, USA, Kanada, Australien, Japan

Cover: Foto ©ninafisch / pixelio.de

Weitere Bücher finden Sie auf **www.hansebooks.com**

Ueber
die Venus von Milo.

Eine archäologische Untersuchung

auf Grund der Fundberichte

von

August Preuner.

GREIFSWALD.
Verlag von Ludwig Bamberg.
1874.

Inhaltsübersicht.

                                                                          Seite.

Ueber die Restauration der Venus von Milo auf Grund der Fundberichte 3

Beilage.

Auszug aus dem Berichte von Dumont d'Urville 33

Verzeichniss der zusammengefundenen Gegenstände, von dem Vicomte Marcellus 36

Anhang.

I. Ueber das Ergebniss der Vergleichung von ihr ähnlich componierten Figuren für die Restauration der V. v. M. 38

Nachträge.

1. Der Torso von Smyrna 42
2. Die Statue von Falerone 42

II. Ueber die Zugehörigkeit des Basis-Fragments mit der Künstlerinschrift 43

Ueber die Restauration

der Venus von Milo

auf Grund der Fundberichte.

Programm

zur

Winckelmannsfeier

am 9. December 1873

von

Dr. A. Preuner,

ord. Prof. d. Archäologie und der Geschichte des class. Alterthums.

GREIFSWALD.
Verlag von Ludwig Bamberg.
1873.

Ueber die Restauration der Venus von Milo

auf Grund der Fundberichte.

Die Frage über die Art, wie wir uns die Venus von Milo ergänzt denken sollen, hat seit ihrer Auffindung bis heute Gelehrte und Künstler immer aufs neue beschäftigt. Immer aufs neue wird von den Einen behauptet, von den Andern bestritten, dass die beiden Fragmente eines l. Arms und einer l. einen Apfel haltenden Hand zugehörig seien. Man fragt sich verwundert, wie diess bei einer vor wenigen Decennien im gepriesenen Lichte des XIX. Jahrhunderts gefundenen Statue möglich sei. Die Antwort ist die, dass sobald die Statue in den Dunstkreis des Hofes von Louis XVIII. kommt, Nebel aufsteigen, welche den einfachen Sachverhalt verdunkeln. So konnte es kommen, dass jüngst wieder auf Grund des einsichtigen Berichts von Fröhner in seiner vortrefflichen Notice de la sc.,ant. im Louvre (I p. 168 ff.) von einem ausgezeichneten Archäologen wie Kekulé eine Darstellung der Fundverhältnisse gegeben wurde, die sich auf jene Notice berufen kann und gleichwohl irrig ist.

Kekulé sagt folgendes (das akadem. Kunstmuseum zu Bonn S. 64 f.): „Die Berichte über die Auffindung der Statue stellen ausser Frage, dass die unzweifelhaft zusammengehörigen Stücke, aus welchen die Statue zusammengesetzt ist, unter einem ganzen Haufen der allerverschiedenartigsten Sculpturfragmente gefunden wurden, zu denen bei bald darauf angestellten Nachforschungen noch einige Fragmente von Inschriften kamen. Unter jenen Sculpturfragmenten waren die meisten der Art, dass überhaupt niemand auf den Gedanken kommen konnte, sie gehörten zur Statue. — — Es ist begreiflich, dass die ersten Beschauer sich aus den vielen Fragmenten diejenigen auslasen, mit deren Hülfe sie glaubten sich die Statue in Gedanken restauriren zu können. Aber eben die Masse und die ganz verschiedenartige Beschaffenheit der Fragmente lehrt, dass die Thatsache des gemeinsamen Fundorts an sich schlechterdings keinen Grund für die Zusammengehörigkeit abgeben kann".

Kekulé spricht von „einer Masse", „einem ganzen Haufen der allerverschiedenartigsten Sculpturfragmente". Er thut diess mit Recht, insofern er sich dabei auf Fröhners Angaben in seiner Notice berufen kann, und da er sich auf einen Originalfundbericht nicht beruft, so wird man eben diesen als seine Quelle anzusehen haben. Denn Fröhner macht p. 172 f. allerdings Angaben, welche so aufgefasst werden können. Dort heisst es, dass der Bauer von Milo, der die Statue ausgrub, in einer grotte sépulcrale zusammenfand, ,pêle-mêle et confusément couchés trois hermès, quelques socles avec d'autres débris de marbre, enfin le buste de la Vénus —. Deux semaines après, en continuant ses recherches, il découvrit la partie inférieure de la statue et plusieurs autres fragments de sculpture antique'.

Es ist nun schwer, in Betreff solcher Dinge einen ausgezeichneten Gelehrten, der in Paris im Besitz aller Hilfsmittel sich befindet, von Deutschland und gar von Greifswald aus zu berichtigen. Aber Fröhner beruft sich für die Details des Fundberichts vorzüglich auf Dumont d'Urville und den Grafen Marcellus. Und so viel ich sehe, können auch diese beiden als die einzigen authentischen Berichterstatter angesehen werden.

Dass ich die Berichte des Grafen Marcellus hier habe einsehen können, verdanke ich der Güte der Göttinger und der Münchener Bibliotheksdirectionen. Ein Bericht Dumont d'Urvilles erschien in den Annales maritimes et coloniales de Bajot 1821. Alles auf die Auffindung der Venus Bezügliche findet sich dann, offenbar aus demselben Berichte Dumonts, als unediert auf's neue abgedruckt in den Archives de l'art Français publiés sous la direction de M. A. de Montaiglon, II série, T. II, 1. 2. 3 livr. P. 1863 p. 202 ff.*)

Fröhner sagt nun allerdings nur, dass er den grössten Theil seines Fundberichts jenen beiden Männern verdanke. Er hat also aus anderen Quellen Einiges hinzugefügt. Aber aus welchen? Und wird, was er hinzugefügt hat, gleichwerthig sein? Kann es diess sein? Nach meiner Ansicht ist diess nicht möglich. Nur der eine Fall liesse sich denken, dass Fröhner aus dem Bericht des Consular-Agenten Brest noch schöpfte, der zuerst über den Fund berichtet hatte. Allein für's erste sagt Fröhner das nirgends, und zweitens war dessen Bericht an die Gesandtschaft in Konstantinopel gerichtet und bei dieser war der Vicomte Marcellus Secretär, und endlich stammen die hier in Frage kommenden Sätze, abgesehen von einer bei Fröhner aus Claracs Schrift sur la statue ant. de Vénus Victrix (Paris

---

*) Es ist hier veröffentlicht von Léon Lagrange, welchem der Bericht von dem Secretär der Société des sciences et arts zu Toulon mitgetheilt wurde. Es ist das nun aber offenbar ohne Zweifel derselbe Bericht nicht bloss mit dem, welchen Clarac citiert (in der im Text erwähnten Schrift), wie Lagrange S. 203 angiebt, sondern auch mit der in den Annales maritimes et coloniales de Bajot schon 1821 erschienenen Relation. Diess beweist der Titel der in den Archives abgedruckten „Relation d'une expédition hydographique dans le Levant et la mer Noire de la gabarre de S. M. la Chevrettes", der ja offenbar die Relation als gerade für Ann. maritimes bestimmt charakterisiert, ebensosehr aber auch der, abgesehen von Verschiedenheiten, die sich auf Versehen der Citierenden oder Herausgeber zurückführen lassen, durchgängig identische Wortlaut unseres Textes in den Archives und der aus den Annales angeführten Citate. S. die Beilage.

1821. 4.) aufgenommenen Notiz (p. 172 u. 5) eben nachweislich aus den Berichten jener beiden Männer.

Ich selbst könnte Einiges hinzufügen aus einer Quelle, die Fröhner entgangen scheint. Dem Bericht Dumonts sind in den Archives nämlich Zusätze beigegeben, welche von dem damaligen Begleiter desselben auf der Insel, dem capitaine en seconde des Schiffs, auf welchem jener als enseigne de vaisseau diente, H. M**, herrühren. Allein da die Bemerkungen dieses Mannes etwa 40 Jahre nachher aus der Erinnerung niedergeschrieben sind, kann ich selbst ihnen nur geringen Werth beilegen. Leider! denn sie würden die Frage über die Ergänzung zu Gunsten der Ansicht entscheiden, welche ich auf Grund von weniger anzuzweifelnden aber auch weniger bestimmten Berichten gewonnen habe.

Die obigen Angaben Fröhners, auf welchen dann Kekulé wieder fusst, stützen sich ihrerseits auf Marcellus, souvenirs de l'Orient S. I. p. 237, wo dieser ganz ähnlich berichtet. Nur finde ich in meinen Aufzeichnungen daraus zuletzt nicht, wie Fröhner sagt, plusieurs autres fragments de sc. a. erwähnt, sondern nur quelques fr. de sc. a. Allein selbst wenn Fröhners Lesart die richtige wäre, so würde sie nichts beweisen. Marcellus Angaben gehen offenbar wiederum zurück auf den Bericht Dumont d'Urvilles. Sie sind nichts als Variationen über dessen Worte: die souvenirs de l'Orient erschienen 1839 fast 20 Jahre nach Auffindung der Statue und der Herr Vicomte hat seine Angaben zudem später selbst in einer Weise präcisiert, welche sich mit den Worten d'Urvilles weit eher vereinigen lässt als mit seinen eigenen. Mit einem Wort, immer auf's neue hat sich mir und wird sich jedem der Bericht Dumont d'Urvilles als der einzige wirklich exacte und zuverlässige ergeben. Seine Worte über den Fund selbst verglichen mit denen des Vicomte sind geeignet, das Verhältniss zwischen beiden Berichterstattern sofort in's rechte Licht zu stellen: er sagt, der Bauer habe in einer Art Nische gefunden „une statue en marbre, accompagnée de deux hermès et de quelques autres morceaux également en marbre. La statue était de deux pièces jointes au moyen de deux petits tenons en fer." Dumont d'Urville giebt sodann in seinem äusserst sorgfältigen und einsichtigen Bericht — und er war damals nicht etwa, wie man aus dem enseigne de v. könnte schliessen wollen, ein sehr jugendlicher, sondern ein schon 30jähriger Mann — auf's genaueste an, was er vorfand: nämlich ausser den beiden Haupttheilen der Statue und den beiden Hermen die zugehörigen verstümmelten Arme, den rechten und den linken Arm mit den Händen, die er, ohne irgend einen Zweifel zu hegen, mit der Statue verbindet, eine dritte Hand und einen pied chaussé d'un cothurne. Also das waren die autres morceaux. Und damit stimmen im wesentlichen die detaillierten Angaben des Vicomte in der Revue contemporaine t. XIII. p. 289 ff., nur dass sich bei diesem wieder ein oder der andere Irrthum eingeschlichen hat. Auch ist indessen eine dritte Herme, die schon in den Souvenirs erwähnt wird, hinzugekommen. Marcellus bemerkt aber dann auch ausdrücklich, dass er alles mitgebracht habe und hier aufzähle, mit Ausnahme der grossen Weihinschrift des ΑΓΧΕΟΣ ΑΤΙΟΤ, wie er hier schreibt (p. 292.)*) Ausserdem giebt er an, dass der mitgebrachte l. Fuss — ohne Zweifel der mit dem Kothurn — nur in der Nachbarschaft des Feldes des Bauern gefunden worden sei.

Schwierigkeiten macht für's erste nun die dritte Herme. Da solche Hermen aber so leicht in der Nachbarschaft des ursprünglichen Aufstellungsortes oder ihres Versteckes aufgestellt sein konnten, so ist es ja leicht denkbar, dass man zwei noch mit ihr zusammen vergrub, eine in der Nähe verscharrte oder liegen liess, vorausgesetzt, dass alle drei zusammen gehören und nicht auch hier einfach Dumont mit seinen 2 Hermen Recht hat. Leider

---
*) S. die Beilage.

habe ich mir über dieselben im Louvre keine genügenden Bemerkungen gemacht und können Fröhners Notizen unter n. 194. 195. 209 gute Abbildungen auch nicht ersetzen.

Von der Inschrift des Bakchios, die schon Dumont (S. 207 f.) sah und abschrieb, bemerkt derselbe: „l'entrée de la niche était surmontée d'un marbre de 4 pieds et demi environ sur six ou huit pouces de largeur". Das Mitgefundensein der Künstlerinschrift des — andros, Menides Sohn, zieht Marcellus auf's bestimmteste in Abrede. Kekulé giebt an, dass zu der Masse von Sculpturbruchstücken „bei bald darauf angestellten Nachforschungen noch einige Fragmente von Inschriften kamen." Aber woher weiss er diess?

D'Urville sagt, dass das Piedestal einer der mitgefundenen Hermen ebenfalls eine Inschrift getragen haben müsse, die aber nicht mehr lesbar sei. Die grosse Weihinschrift des Bakchios ist mitgefunden. Bei Kekulés später gefundenen Fragmenten von Inschriften kann also nur an die Künstlerinschrift des (Ages?) andros gedacht werden. Aber für's erste muss zwischen dem, was mit der Venus zusammen in ihrem Versteck und was gleichzeitig oder gar später in der Nachbarschaft des Fundorts ausgegraben wurde, unterschieden werden. Für's zweite hat es mit dem Funde dieser sowie mit zwei Armfragmenten eine eigene Bewandtniss. Doch lassen wir darüber den Vicomte selber berichten (a. a. O. p. 294): „M. Rivière en quittant l'Archipel désira voir le champ qui m'avait cédé sa Vénus. Il s'arrêta donc à Milo, y renouvela les libéralités, recounut la niche et le champ d'Yorgos et en rapporta deux bras informes (N°s 10 et 11. S. u. die Beilage) d'un marbre différent de celui de la statue. Les doubles extrémités de ces bras manquaient, mais ils avaient chacun leur coude; et ils étaient sortis de terre depuis mon

---

*) Fröhner sagt (p. 175, n. 1) in den souvenirs p. 248. 249 wolle M. diese Inschrift mitgenommen haben. Aber p. 248 f. n. 2 las ich: „cette inscription est restée à Milo."

départ à l' endroit même d'où fut exhumée la Vénus. M. le marquis de R. emporta la longue inscription que j'avais copiée qui débute par ΑΓΧΕΟΣ ΑΤΙΟΤ (Nr. 12); et j'ai tout lieu de croire puisque je ne me souviens aucunement de l'avoir reçue à Milo moi-même, qu'il enleva aussi l'inscription où se trouve l'indication du sculpteur d'Antioche; mais j'ignore complétement où elle a été trouvée. Si c'est dans le champ d'Yorgos, on pourrait penser, sans plus ni moins de probabilité, que cette inscription s'applique à un colosse fruste etc."

Ich bemerke zur Klarstellung der Sache nur noch: Dumont d'Urville, noch nicht der berühmte Mann, der er hernach wurde, war damals enseigne de vaisseau, der Vicomte Marcellus Gesandtschaftssecretair, der H. Marquis de Rivière der Gesandte, welcher hernach die Statue dem König zum Geschenke machte, wie die in das moderne Piedestal eingelassene Schrift in auffälliger Weise verkündigt. Er kam nach Milo und ergänzte, was die untergeordneten Beamten unterlassen hatten. Ist es da nicht denkbar, sehr denkbar, was wir Dumonts Bericht gegenüber annehmen müssen, dass der H. Marquis von den listigen Griechen ohne allzugrosses Widerstreben noch ein Paar Stücke erwarb, welche indessen irgendwo, aber nach Aussage des Verkäufers am Fundort der Venus, zu Tage gekommen waren? Wenn der Thatbestand aber nunmehr, wie ich hoffe, klargestellt ist, so denke ich, wird Kekulé selbst zugeben, dass die Wahrscheinlichkeit der Zugehörigkeit der Fragmente des l. Arms und der l. Hand zur Statue an Gewissheit grenzt, zumal wenn ich hinzufüge, dass auf meine Bitte Friederichs bei seiner letzten Anwesenheit in Paris die beiden vorhandenen Fragmente selbst noch einmal untersucht und sich für ihre Zugehörigkeit entschieden hat.

Clarac in seiner Abhandlung (p. 22) lässt freilich den Marquis die beiden Fragmente des l. Arms und der l. Hand finden. Und Marcellus selbst übergeht in seiner Aufzählung in der Revue das linke Armfragment (nicht die Hand) und erwähnt dafür einen rechten Vorder-Arm. Dagegen p. 255 seiner souvenirs spricht er von, „deux bras et une main tenant une pomme que j' avais également rapportés." Und die mitgegebene Zeichnung stellt die Statue vor, ergänzt durch einen modernen linken antiken oder den mitgefundenen Fuss, und den Oberarm, also eben durch das Stück, das Marcellus in den Souvenirs zwar erwähnt, in dem Artikel der Revue aber vergisst oder verwechselt.

Marcellus nennt hier unter Nr. 4 nämlich un avant-bras informe et mutilé. Nichts läge nun näher, als darin den schon von Dumont d'Urville gesehenen r. Arm der Venus zu erblicken. Allein man hat sich schon aus dem bisherigen überzeugt, wie verworren und unzuverlässig die französischen Berichte und Angaben über den Fund sind mit Ausnahme der Relation Dumont d'Urvilles. Dieser weiss aber von einer mitgefundenen dritten Hand. Jedenfalls müsste der rechte Arm der Venus, vielleicht erst seit Dumonts Abreise von der Insel, ganz verstümmelt worden sein; möglich wäre diess, denn die Statue selbst auch erlitt seitdem und zwar vielleicht die schlimmsten Beschädigungen, die sie erlitten hat. Man kann diess aus p. 240 f. der souvenirs ohne Mühe herauslesen (vgl. auch Clarac p. 6). Wo dieser rechte Arm erwähnt wird, heisst er unförmlich und zieht dann mehr als ein Mal auch den l. Arm mit in seine Verdammung hinein. So bei Marcellus souv. a. o. a. O. p. 255. gleich nach Erwähnung der beiden Arme, so bei Éméric-David (observations sur la statue ant. de femme découv. en 1820 dans l'île de Milo, in Mém. de l'Inst. royal de France. Ac. des inscr. et b. l. XII. 1839).

Mag es sich aber mit diesem r. Vorder-Arm verhalten wie es will, mag der, welcher nach Paris gekommen ist, sogar vielleicht ursprünglich gar nicht zur Venus von Milo gehört haben, er darf nicht mit den Fragmenten des l. Arms zusammen geworfen werden. Wenn man Claracs Schrift S. 37 liest, so könnte man sogar auf den Gedanken kommen, der r. Arm, den man mit dem schon von Dumont erwähnten Fuss der V., wie es scheint, einmal angefügt hatte, möchte einer der vom Marquis de Rivière mitgebrachten Arme sein, und Marcellus mit Nr. 4 irrthümlich den avant-bras droit, anstatt das Fragment des l. Ober-Arms nennen. Aber, wie gesagt, mag es sich mit diesem r. Vorder-Arm verhalten, wie es will, mag der, welcher nach Paris gekommen ist, sogar vielleicht ursprünglich gar nicht zur Venus v. M. gehört haben, er darf nicht mit den Fragmenten des l. Arms zusammengeworfen werden, eben so wenig und noch weniger der zu gleicher Zeit gefundene l. Fuss chaussé d'un cothurne (d'Urville p. 207), den man eine Zeitlang der Statue angesetzt hatte. Vgl. Clarac a. a. O. Die Fragmente des l. Arms und der l. Hand sind nicht nur mit der Venus zusammengefunden, sondern auch schon von Dumont d'U., der sie vielleicht noch weniger verstümmelt sah, sofort als zugehörig erkannt worden.

Kekulé bemerkt noch: „nur an dem Original selbst würden sich aus der Sorte des Marmors und der Art der Verwitterung Schlüsse ziehen lassen." Vergass er oder hielt er nicht für beachtenswerth, was Clarac, (sur la statue antique etc. p. 36) mit solcher Bestimmtheit und gestützt auf das Urtheil des damaligen Restaurators der Antiken des Louvre, Lange, sagt: der Marmor und die Arbeit an Statue und Bruchstücken seien ganz vollkommen gleich und Lange erkläre, dass die Oberfläche der Hand Abplätterungen zeige, deren Richtung man über das Bruchstück des Arms hinweg bis auf die Schulter der Statue verfolgen könne? Und so hat denn auch Friederichs, wie Fröhner, und so hat auch Longpérier[*]) sich ganz bestimmt für die Zugehörigkeit der Fragmente erklärt. Als ich das eine Fragment, das der Hand, vor mehreren Jahren sah, hatte ich noch nicht genug Originale gesehen, um mir selbst ein sicheres Urtheil zuzutrauen. Ich führe desshalb einfach das Urtheil von Autoritäten an.

---

*) Vgl. Friederichs, Bausteine I. S. 334.

Neuerdings hat Ravaisson (la Vénus de Milo P. 1871) allerdings wieder die Zugehörigkeit bestritten, aber durchaus nicht auf Grund der Behauptung, dass die Fragmente ihrer Beschaffenheit wegen nicht zugehörig sein könnten.*) Endlich meint Kekulé, die Schlüsse aus der Sorte des Marmors und der Art der Verwitterung möchten jedenfalls nur negativ zwingend sein, wenn sich das Fragment als nicht zugehörig erweise, im entgegengesetzten Fall aber schwerlich mehr als die Möglichkeit der Zugehörigkeit erweisen können.

Aber jene Beobachtung Langes wäre diess doch auch positiv, und man nehme dazu, dass eben Fragmente und Statue zusammengefunden sind und zwar eben nicht „unter einem ganzen Haufen der allerverschiedensten Sculpturfragmente."

Also, um der Annahme auszuweichen, dass der Schöpfer der V. v. M. diese Statue so dargestellt habe, dass sie in der erhobenen Linken einen Apfel hielt, bliebe nur ein Ausweg, der denn auch von den Leugnern der ursprünglichen Zugehörigkeit der Fragmente regelmässig eingeschlagen worden ist. Die Fragmente könnten einer schon im Alterthum gemachten Restauration angehört haben. Man hat auf eine solche Restauration zunächst auch auf Grund des Basisfragments mit der Künstlerinschrift geschlossen. Allein dass dieses nicht zugehört und nie mit der Statue verbunden war, beweist für jeden Sachverständigen die nunmehr auch in dieser Beziehung sichergestellte Ge-

---

*) Auch Éméric-David sprach sich allerdings dahin aus, dass ein r. Vorderarm, ein Theil eines l. Arms und eine l. Hand, die mitgefunden worden, von sehr viel geringerer Arbeit seien als die Statue. Aber es spricht nicht eben für die Sicherheit seines Urtheils in Betreff von antiker Formenschönheit, wenn er hinzufügt, dass diese selbst „der vollendeten Schönheit der V. v. Medici und der Eleganz und Grazie der V. des Capitols entbehre". Zudem spricht nicht für die Genauigkeit der Beobachtung, dass auch er den Zustand und die Beschaffenheit des r. Vorder-Arms von den Fragmenten des l. Arms nicht unterschied. S. o. S. 10. Quatremère de Q. (sur la statue ant. de Vénus P. 1821. 4) p. 12 f. fühlt den Unterschied offenbar, er ist nur nicht unbefangen genug.

schichte des Funds und die Vergleichung der Zeichnung bei Clarac a. a. O. (die Basis wiederholt in etwas mangelhaftem Holzschnitt bei Fröhner, notice I. p. 176). Die Unförmlichkeit des r. Vorder-Arms könnte man vielleicht aus einer späten Restauration erklären wollen.*) Allein da der l. Arm jedenfalls nicht in gleicher Weise unförmlich war, so käme man damit noch nicht, wenigstens nicht auf eine gleichzeitige Restauration auch des l. Arms. Endlich glaubt Ravaisson, übrigens im wesentlichen nach dem Vorgang von Clarac (a. a. O., p. 23 f.), eine Restauration aus der heutigen Beschaffenheit der mittleren Partien der Statue nachweisen zu können. (a. a. O. p. 9 f.). Durch die beiden Zapfen, welche die zwei Hauptstücke verbunden hätten, aus welchen der Leib der Göttin in der Mitte zusammengesetzt ist, seien schon im Alterthum die rechts und links über und unter der Fuge anstossenden Stücke ausgebrochen, und bei der neuen antiken Zusammensetzung sei ein Stück, das obere Stück der rechten Hüfte, neu hergestellt worden.

Es ist freilich merkwürdig, dass, soviel mir bekannt ist, keiner der neueren Autoren über die V. sämmtliche vier Stücke in gleicher Weise kennt und beschreibt. Fröhner spricht von 2 Stücken, welche die beiden Hüften bilden (a. a. O. S. 171). Ravaisson berichtigt zunächst p. 8 Clarac, der nur einen tenon angenommen habe, und gedenkt dann noch p. 9 einer Aeusserung Claracs, die sich in dessen Schrift p. 12 findet „C'est à ces deux grandes divisions qu'il convient de rapporter les fragments qui en faisoient partie." Im übrigen s. Clarac a. o. a. O.

---

*) Quatremère de Quincy machte auch das Loch unter der r. Brust geltend. Aber da auch der rechte Arm wohl jedenfalls aus einem eigenen Stück gearbeitet war, so diente dasselbe ja einfach zur Aufnahme einer Stütze, welche für die Haltbarkeit dieses von Anfang an zweckmässig war. Und wenn manche Kenner auch an einer ziemlich roh gelassenen Stütze keinen Anstoss nehmen würden, so beweist ja zudem das Loch nichts für die Ausführung der Stütze selbst, zu deren Befestigung es diente.

Ravaissons Ansicht ist nun folgende: 3 Stücke waren als ganze ausgebrochen und wurden dann wieder angesetzt, das 4te, das obere Stück an der r. Hüfte, war zersplittert oder sonst zu schwach, man arbeitete es also bei der Restauration neu. Denn (p. 10): „la fracture que le torse présente de ce côté a été agrandie, régularisée, équarrie, sans toutefois que le creux que le tenon y avait imprimé en ait été entièrement effacé. La pièce qui remplit maintenant la fracture la remplit exactement, à ce creux près, et, de plus, n'offre aucune trace du tenon, dont le fragment éclaté devait aussi rappeler par un creux la figure."

Es ist nun gewiss nicht denkbar, dass bei einer Restauration hinter den ausgebrochenen Stücken auf's neue Zapfen eingesetzt wurden. Wozu füllte man dann aber den Bruch aus bloss à ce creux près und diesen Raum nicht mit? Es hätte das doch zur Haltbarkeit sehr viel beigetragen. Und Ergänzer, welche genau denselben Stein wählten und deren Arbeit dasselbe „genre" zeigt (Ravaisson a. a. O.), hätten sich doch einen solchen Vortheil schwerlich entgehen lassen. Mir scheint eine Vermuthung in Betreff dieses Stücks richtig, welche schon Clarac (p. 23) erwähnt, wenn sie auch dieser zurückweist und statt dessen die Annahme einer Restauration aufbringt, welche Ravaisson wiederholt, ohne übrigens sich auf Clarac hiefür zu berufen. Der Künstler hatte, wie schon Dumont d'Urville sah (s. o. S. 7), allerdings nicht einen, sondern zwei Zapfen zur Verbindung des Ober- und Untertheils der Statue verwendet. Man hat aber vielleicht, um den zweiten eisernen Zapfen erst dann oben und unten vollends mit Blei festzubinden, nachdem die obere Hälfte mit voller Sicherheit und Genauigkeit auf die untere aufgepasst war, ein Stück ausgespart. Man müsste also allerdings, da nur das obere Stück der r. Hüfte eigens gearbeitet ist, annehmen, dass man diess nur auf der einen Seite gethan hat. Es liesse sich das ja aber auch wohl erklären.

Aber sehen wir davon ab und nehmen wir einmal an,

dass der Künstler, als er die Statue schuf, mit Marmor nicht besonders versehen war, wie leicht kann es da der Fall gewesen sein, dass auch der kleinere Block nicht für die ganze obere Hälfte ausreichte, dass er vielleicht unten sich fehlerhaft erwies und der Künstler desshalb zum weiteren Stücken schritt? Oder sollte er vielleicht die Statue aus einem Stück zu arbeiten begonnen und dann Unglück gehabt haben? Jedenfalls ist das Stück mit gröster Sorgfalt und Geschicklichkeit gearbeitet und da eingesetzt, wo es am wenigsten stört. Der Bruch müsste also ein ausserordentlich glücklicher gewesen sein.

Ravaisson hat seiner Arbeit eine Note des H. Des Cloiseaux, m. de l'Ac. des sciences, angehängt. Dieser unterscheidet einmal zwei Arten parischen Marmors chemisch, der einen Art soll die Venus von M. angehören, die andere heute dort auf der Insel gefunden werden. Der Künstler Tarral*), auf dessen mehrjährige Bemühungen und Forschungen in Betreff der Restauration der V. v. M. besonders Fröhner aufmerksam macht, und dem derselbe sich auch hierin anschliesst, bestreitet, dass die Statue aus Marmor von Paros sei und erklärt den Marmor mit Berufung auf Plinius (h. n. 36, 62) für korallitisch, der in Kleinasien in nicht grösseren als dreifüssigen Blöcken gebrochen werde und dem Elfenbein in weissem Glanz und auch sonst sehr ähnlich sei. Ferner erklärt der Pariser Naturforscher, die obere Hälfte des Marmors sei aus einem Marmor von etwas feinerem Korn und etwas mehr gelblichen Ton als die untere Hälfte. Und endlich bemerkt Herr Des Cloiseaux unter Nr. 3: „le petit éclat de la partie gauche et supérieure du torse présente avec le grand éclat des draperies les mêmes différences de grain et de couleur que le haut et le bas de la statue, ce petit éclat ayant appartenu au torse avant d'en être séparé". Letztere Bemerkung kann sich kaum auf ein anderes Stück beziehen als auf dasjenige, welches nach Ravaisson von dem antiken Restaurator eingesetzt wurde, würde also dessen Aufstellungen viel-

---

*) Vgl. den Bericht in den Dioskuren, VII. 1862. Nr. 28 S. 214 ff.

mehr widersprechen und zu den unsrigen stimmen, mit denen es sich jedoch auch wohl vereinigen liesse, wenn dieses Stück oder auch das obere der anderen Seite oder wenn beide aus dem Marmor der unteren Hälfte wären.

Allein ist denn der Marmor der unteren Hälfte wirklich verschieden von dem der oberen? Herr Des Cloiseaux ist, soviel ich weiss, der erste, der diese Behauptung ausspricht. — Aber dieselbe zugegeben, ist man dann nicht genöthigt, eine Restauration anzunehmen? Ist es denkbar, dass der Künstler von Anfang an eine so wundervolle Statue in nicht völlig identischem Marmor auszuführen sich entschliessen konnte? Ich glaube diese Frage — trotz des Widerspruchs hiesiger Freunde, welche grösseren Werth als ich auf die von Cloiseaux behauptete Differenz legen — bejahen zu dürfen. Die obere Hälfte war fast durchweg nackt, die untere besteht fast durchweg aus Gewandpartien. Und zu dem werden ja wenigstens letztere sicher Farbe getragen haben.*) Wenn nun vollends die Annahme Tarrals richtig wäre, dass der Marmor, aus dem die Statue gearbeitet ist, ein solcher sei, der nur in kleinen Stücken bricht, was hinderte da den Künstler, unmerklich verschiedene Blöcke derselben Marmor-Art zu verwenden? Oder wenn wir der Annahme Raum geben, dass ihm selbst schon ein Unfall mit der Statue zugestossen war, so ist ja auch wieder erklärlich, dass er von einer offenbar ganz besonders ausgezeichneten Marmor-Art nicht gerade ein völlig identisches Stück im Vorrath hatte. Jedenfalls aber ist zu betonen, dass gerade wenn die obere Hälfte der Statue eine so ganz besondere Eigenart hat, die von Kennern so bestimmt behauptete Identität des Marmors der Arm-Fragmente mit dem der Venus um so mehr in's Gewicht fällt, da ja die Vergleichung ihres Marmors mit dem der Statue sich speciell auf die nackten Theile der oberen Hälfte bezogen hat.

---

*) Tarral will wirklich Farbspuren daran gefunden haben (a. a. O. S. 216). Vgl. unten S. 26 Anm.

Denn selbst wenn die untere Hälfte einer Restauration angehört, so gienge ja gerade hieraus die Zugehörigkeit der Fragmente zu der ursprünglichen Statue nur um so gewisser hervor.

Aber wann sind denn die 3 anderen Stücke — wenigstens 2 erwähnt schon Clarac (a. a. O. p. 23), 3 weisst Ravaisson jetzt nach (s. o. S. 13) — wann sind denn diese ausgebrochen? Doch wohl nur bei jenem Unfall, der der Statue vielleicht bei einem Erdbeben zustiess und der eben ja eine Restauration nöthig machte? Aber das ist denn doch nur erst Vermuthung. Gewiss dagegen ist, dass die zwei Haupttheile getrennt aufgefunden wurden, dass die Statue also beim Flüchten auseinanderbrach oder -gebrochen wurde. Und da Dumont d'Urville und Marcellus die einzelnen Stücke noch nicht sahen, wohl aber Clarac, so wird die Verletzung der Statue, die wohl beim Auseinandernehmen durch die Zapfen geschah, erst in Folge ihres Transports nach Frankreich und ihrer Ueberführung und Behandlung im Louvre schliesslich zur völligen Lösung der einzelnen Stücke geführt haben.

Doch es lässt sich also wenigstens nicht strict beweisen, dass im Alterthum keine Restauration der Statue statt fand. Nehmen wir also einmal eine solche an: was für eine Restauration muss diess gewesen sein? Ich rede jetzt nicht von dem Gedanken, der sich in den souvenirs des Grafen Marcellus findet (p. 255 f.), dass die beiden unförmlichen Arme der V. (der rechte mit dem linken, s. S. 8) nur einem ersten und rohen Versuch einer Restauration haben angehören können, bei dem es galt, für die Christen des VIII. Jahrhunderts die Venus mit Hilfe von Gewändern und des goldenen Halsbands, sowie von einem goldenen Ohrgehänge und anderem byzantinischen Schmuck, was alles in der Nachbarschaft des Verstecks der V. gefunden wurde, in eine christliche Mutter Gottes zu verwandeln!

Die Restauration, bei der das Stück der Hüfte eingesetzt wurde, muss schon zu einer Zeit geschehen sein, wo die Kunst noch nicht aufgehört hatte, zu blühen, wo man selbst auf einer kleinen Insel wie Melos solche Restaurationen ausgeführt bekommen konnte, und in noch weit höherem Grade gälte diess natürlich, wenn die ganze untere Hälfte ein Werk des Restaurators sein würde, — falls nicht dem Künstler selbst noch ein Unglück mit der Statue zugestossen war, falls er sie nicht selbst restauriert hatte.

Mit jenem Zugeständniss, dass eine antike Restauration stattgefunden haben könne, scheint nun aber freilich die ganze seitherige Erörterung im Sande zu verlaufen. Was kümmert uns die Auffassung des Restaurators, wenn wir doch freie Hand haben für die Restauration der ursprünglichen Statue? Was kümmert uns die Haltung der restaurierten Statue, wenn wir nur durch die Arme derselben jetzt nicht mehr gehindert sind, uns die ursprüngliche Schöpfung des Künstlers so zu denken, wie sie uns, von diesen abgesehen, die wahrscheinlichste scheint? Aber dürfen wir denn diess? Ist es denn irgend wahrscheinlich, dass im Alterthum vor der Zeit des tiefen Verfalls, und dieser kann ja die Restauration in keinem Falle angehören, eine Statue ganz anders ergänzt wurde, als sie ursprünglich war, dass eine Göttin, die darauf hin componiert war, einen Schild zu halten, nun einen Apfel mit dem Arm in die Höhe halten sollte?

Freilich Ravaisson weiss sich auch hier zu helfen. Nicht einen Schild hielt die Göttin, sie war vielmehr mit Ares gruppiert, der Gott war ihr abhanden gekommen und so gab man ihr statt Mars in den Arm einen Apfel in die Hand. Quatremère de Quincy hatte zuerst den Gedanken, dass Aphrodite werde mit Ares gruppiert gewesen sein, ihm folgt jetzt wieder Ravaisson. Ausserhalb Frankreichs hat sie einen Vertreter namentlich in Overbeck gefunden.*) In Frankreich selbst aber hat schon Éméric-David

---

*) Gesch. d. Plastik II² S. 323 ff.

(a. a. O. p. 311 ff.), wie mir scheint, völlig genügende Gründe dagegen vorgebracht. Einen Theil derselben glaubt nun Ravaisson durch eine kleine, sichere, und eine grössere, aber bestreitbare Veränderung in der Stellung der V. beseitigen zu können. Das untere Fragment der l. Hüfte, sagt er, sei bei der Restauration im Louvre etwas zu hoch angebracht worden. Um nun zu verhüten, dass die Last der oberen Hälfte gerade auf dieses unsichere Stück drücke, habe man zwei dünne, aber nicht ganz gleich dünne, und nach hinten etwas stärkere Holzleistchen in der Mitte der Statue zwischen geschoben. In Folge davon sei die Statue von ihrer hinteren und linken Seite nach vorne und rechts zu ein wenig übergebeugt worden. Eine Veränderung der Aufstellung der Statue in derselben Richtung und zwar in stärkerem Grade soll nun aber auch dadurch bewirkt sein, dass, während die antike Basis von vorn und rechts nach hinten und links — diess immer vom Standpunkt der Statue aus gedacht — sich senkte, sie jetzt so in eine moderne Basis eingelassen sei, dass sie horizontal liegt. In Folge dessen wurde nun mit der Basis die Statue nach vorn und rechts geneigt. Rav. kam auch auf diese Beobachtung bei der Wiederaufstellung der in ihre Theile gelösten Statue, indem er die obere Fläche der unteren Hälfte nicht horizontal, sondern in der angegebenen Weise geneigt fand. Bewiesen aber glaubte er diese Annahme vollends durch die Beobachtung, dass bei der früheren Stellung der Statue ein Perpendikel von der Halsgrube aus gefällt nicht innerhalb des r. Fusses falle. — Und schliesslich sollte sich nur so der Umstand erklären, dass nun das Gewand hinten über die Basis herabhänge und rechts hinter dem Fuss modern abgearbeitet sei.

Aber so unwiderstehlich diese Argumentation scheint, so ist sie diess doch keineswegs. Schon V. Valentin (die hohe Frau von Milo. Berlin 1872. 4. S. 52 ff.) hat die meisten dieser Argumente entkräftet. Was die Forderung der Richtung des Perpendikels von der Halsgrube aus betrifft, so ist diese selbst einerseits zu eng gefasst — ohne Rücksicht auf die Bewegung der Arme —, andrerseits hat Rav. bei der Anwendung dieser Regel auf den früheren Stand der Statue einen offenbar fehlerhaften Gypsabguss zu Grunde gelegt. Die Statue hat nie die Stellung wie auf der dritten seiner 3 Photographien nach Abgüssen auf Tafel III gehabt. Dasselbe gilt von der Bemerkung Ravaissons über den vom l. Schenkel herabfallenden Zipfel des Gewands. Dass die obere Fläche der unteren Hälfte und die untere der oberen in einer ein klein wenig geneigten Ebene auf einander treffen, liesse sich leicht genug auf mehr als eine Weise erklären. Und hätte das den festen Stand der Statue doch in etwas beeinträchtigt, so war ja durch die zwei Zapfen diess reichlich ausgeglichen. Dagegen weist Valentin darauf hin, dass von einer schräg zurückweichenden Basis das r. Bein sich nicht im r. Winkel erheben würde. Denn Ravaissons Bemerkung, dass der Winkel des Beins zum Fuss jetzt ein wenig spitz sei, beruhe auf ungenauer Beobachtung.*)

Kekulé stimmt Ravaisson zu, wie es scheint, gestützt auf den von Valentin ausser Acht gelassenen Grund, da er nur diesen — und zwar im Wortlaut — anführt: den Zustand der untersten Gewand-Partien. Auf Valentin freilich macht überhaupt Ravaissons Beobachtung, dass die Basen antiker Statuen öfter nicht rechtwinklig seien, wenig Eindruck. Er meint, es handle sich hier um ganz individuelle Verhältnisse, die von Ravaisson angeführten Parallelen des Apollon Sauroktonos oder des sog. kämpfenden Fechters seien ohne Belang. Ravaisson nennt noch eine Venus (Nr. 157) im Louvre. Aber hier ist V. Valentin schwerlich im Recht. Denn es scheint allerdings, dass die vollständig regelmässige Form der Basen in der guten

---

*) Auch Conze (Z. f. d. ö. Gymn.-W. XXIII. 1872. XI S. 854 ff.) bemerkt, dass V. V. auch gegen den I. Theil von Rav. immerhin sehr bemerkenswerthe Einwendungen vorgebracht habe.

Zeit der Kunst nichts weniger als Regel war. Aber ebendesswegen lässt es sich leicht erklären, dass die moderne Restauration zum Zweck der Herstellung ihrer rechtwinkligen Plinthe — die von Ravaisson erwähnten Abweichungen kommen nicht in Betracht — dazu kam, von der antiken Plinthe etwas zu viel wegzunehmen, so dass hernach jener leere Raum zwischen dem Ende der Gewand-Massen und der modernen Basis entstand, der jetzt mit Gyps ausgefüllt ist. Ursprünglich wird die Oberfläche der Plinthe den untersten Linien der Gewandung angepasst gewesen sein.*) Diess erklärt auch genügend die Ueberarbeitung, die nach Rav. namentlich den Saum des Gewandes hinten am r. Fuss betroffen hat.

Aber selbst wenn der französische Gelehrte völlig Recht hätte mit seiner Annahme, dass die Statue wirklich nicht unbedeutend nach ihrer rechten Seite und vorwärts vorgebeugt worden sei, so bleibt ja doch, wie diess ebenfalls schon Valentin richtig bemerkt hat, die Biegung des Oberleibes dieselbe, d. h. eine solche, welche von der der mit Ares gruppierten Statuen wesentlich verschieden ist. Und wenn man selbst die Möglichkeit der Gruppierung einer sich rückwärts von dem geliebten Gemahl wegbeugenden Statue mit demselben zugeben wollte,**) so ist es doch für mich wenigstens völlig undenkbar, dass der grosse Meister, der diese Statue schuf, sie, wenn er sie mit ihrem Gemahle gruppiert hätte, nichtsdestoweniger statt zu ihm hin in die Weite hätte blicken lassen. Und das thut die Göttin.

*) Kekulé lässt diesen Punct in der Argumentation Ravaissons vom Ueberhängen der Draperie und dem leeren mit Gyps ausgefüllten Zwischenraum ganz weg.
**) Man könnte ja zudem sagen, dass eine A., die mit Ares gruppiert war, zwar dadurch, dass sie weniger nach rechts sich wegbiegt, in ihrer Haltung besser dazu stimmt, dass aber die aufrechte und weniger vorwärts geneigte Haltung dafür weniger günstig ist. Und so hat denn auch Th. Gautier (nach einem Bericht über dessen Artikel im Journal officiel, den die Dioskuren 1871 S. 261 brachten), die durch die Entfernung der Keile aufrechter werdende Stellung für die Annahme, dass die Göttin den Apfel hielt, geltend gemacht.

Wenn Overbeck den Nachweis dafür unternimmt (Gesch. d. Plastik II² S. 391 f. A. 64 zu S. 326), dass bei sämmtlichen auf uns gekommenen Repliken in Rundfiguren und Reliefs die Göttin mit einer andern Figur gruppiert gewesen sei, (bei der Victoria von Brescia soll das neben ihr vorauszusetzende Tropäon die Stelle vertreten), so ist dieser Nachweis einmal nicht wirklich zu führen, und für's zweite beachtet Overbeck alsdann die Modificationen der Composition nicht genügend.*)

Wir stimmen also auch gegen Overbeck, wenn die Statue nur entweder als mit Ares gruppiert oder als einen Schild haltend zu denken wäre, mit Kekulé und den meisten Forschern dahin überein, dass letztere Annahme jedenfalls unbedingt vorzuziehen sein würde.

Aber wenn oben die Zugehörigkeit der Fragmente wenigstens insoweit bewiesen sein wird, dass dieselben mindestens zu einer antiken Restauration gehört haben, und zwar zu einer Restauration, die nicht zur Zeit des tiefen Verfalls der Kunst gemacht wurde, ist es da denkbar, dass die Alten einer solchen Statue, die zum Schildhalten componiert war, nun einen Apfel in die Hand gaben? Mir scheint es, dass diese Frage unbedingt verneint werden muss. Und fassen wir nun die Statue selbst in's Auge, so finden wir freilich gerade diese Restauration mit dem Apfel in der Hand öfters kaum der Widerlegung gewürdigt. Overbeck sagt (a. a. O. S. 324): „Die vorausgesetzte Composition ist so höchlich ungeschickt, namentlich ist das Erheben des Apfels in der L. ebenso auffallend, wie die Art, wie derselbe gefasst wird, einem triumphierenden Zeigen wenig entsprechend erscheint." Kekulé erklärt a. a. O. S. 63: „Wenn man einen Apfel mit der l. Hand hoch erhebt, so kann diess nur den Sinn haben, dass man ihn zeigen will, es ist das ein

---

) Vgl. hierüber V. Valentins Tafel III und IV, wenn gleich dieser zu einer ganz andern Restauration gelangt ist, die aber sicher bei keinem Sachverständigen Beifall finden wird. Uebrigens s. S. 26 Anm.

etwas theatralischer, der älteren griechischen Kunst nicht sehr angemessener, aber an sich wohl verständlicher Gestus. Aber schwer verständlich ist es, dass alsdann der Apfel in der fest geschlossenen Hand ruhe.*) Diese Art den Apfel zu halten führt darauf, dass der Arm, welchem die Hand angehört, gesenkt und gebogen, dass der Oberarm gesenkt, der Unterarm erhoben, der Apfel nicht ein theatralisch-erhobenes, sondern mehr beiläufig angebrachtes Attribut war."

Nun bin ich leider ausser Stande, selbst Genaues über die Art, wie die Hand den Apfel hält, zu berichten. Die hiesige Sammlung ist nicht so glüklich, einen Abguss der Fragmente zu besitzen.

Nach Fröhners Angabe war aber die Hand nicht völlig geschlossen. Er sagt (p. 174 n. 1.): „le poignet et l'index sont brisés, les autres doigts plus ou moins frustes; celui du milieu ne touchait pas la pomme." Ein Heben mit den Fingerspitzen war ferner schwerlich in der Weise der Kunst der besten Zeit. Immer kann ich es mir nicht anders denken, als dass der Apfel irgendwie sichtbar war, zumal wenn er, wie doch wohl kaum zu bezweifeln sein wird, farbig bemalt war. Aber wer den Apfel so in die Höhe hebt, wollte ihn ja mit diesem „etwas theatralischen" Gestus „triumphierend" zeigen. Ist es denn nicht ebensogut natürlich als theatralisch, einen Gegenstand, dessen Besitzes man sich erfreut, froh zu erheben?

Soll denn aber eine so hehre Göttin, wie sie uns in der Statue des Künstlers der V. v. M. vor Augen tritt, aufgefasst werden als die Göttin, welche eben von Paris den Preis der Schönheit sich hat zutheilen lassen? Ist das einer Göttin von so erhabenem Ausdruck würdig?**) Allein müssen wir denn bei einer Aphrodite,

---

*) Schon Welcker (a. Denkm. I S. 441) fand „nicht bloss die Form des Apfels auffallend, sondern auch diese Art einen Apfel mit angezogenen Fingern in das Innere der Hand fest zu verschliessen und ihn nach innen zu, statt entgegen zu halten und leichter zu fassen".

**) Auch Welcker a. a. O. verneint diese Fragen.

welche den Apfel erhebt, durchaus an den Apfel des Paris denken?

Ich denke nicht. . Diejenige Version der Sage vom Streit der Göttinnen um den Preis der Schönheit, wornach dieser Aphrodite in einem Apfel zuerkannt wird, so geläufig sie uns unter dem Einfluss der alexandrinischen und römischen Litteratur ist, reicht kaum hinauf bis in die Entstehungszeit unsrer Statue. Es ergiebt sich diess aus den litterarischen wie aus den künstlerischen Quellen.*)

Sie ist die Erfindung eines Dichters der alexandrinischen Zeit, und wenn wir vollends eine Zwischenzeit zwischen der Erfindung und ihrer Verbreitung annehmen müssen, so wird man mit aller Bestimmtheit den Gedanken abzuweisen haben, dass der Apfel, welchen die Aphrodite von Melos erhebt, der von Paris ihr als Preis der Schönheit überreichte sei.**)

---

*) Welcker, alte Denkm. V. S. 380 folgert aus letzteren für erstere, insofern er daraus, dass der Apfel auf Vasenbildern so gut wie nicht vorkomme, schliesst, „dass dieser berühmte Apfel nicht in dem Epos der Kyprien, das den bei der Hochzeit des Peleus entstandenen Streit der Göttinnen als Einleitung erzählt, gewachsen, sondern ein später Zusatz sei." Auch der Litteratur der Blüthezeit war offenbar der Apfel noch unbekannt. Dass Hygin ihn nennt, beweist für den Kundigen nicht dagegen. Denn wenn auch Hygins fabulae z. Th. auf Inhaltsangaben von Tragödien zurückgehen mögen, so ist doch so viel gewiss, einmal dass Hygin selbst, wer er auch war, z. Th. aus späteren alexandrinischen und aus römischen Quellen schöpft u. dass vollends der uns vorliegende Text vielfach aus römischen Autoren z. Th. aus später Zeit interpoliert ist. Wenn M. Schmidt die betreffenden Abschnitte für Excerpte aus den Kyprien hält (Hyg. praef. p. XXIII), so wird er schwerlich Zustimmung finden, wenn er irgend an unmittelbare Entlehnung glaubt. Uebrigens bezweifelt ja auch Schmidt nicht, wie diess niemand bezweifeln kann, dass der uns vorliegende Text Hygins jedenfalls vielfach auch durch Interpolation aus z. Th. sehr späten Schriften entstellt ist. Lukian bezeugt (im Symposion §. 35), dass „die Dichter" von Eris erzählen, dass sie den Apfel in das Hochzeitsmahl geworfen habe. Die späteren Dichter erwähnen ihn auch oft genug. Und warum sollen es nicht alexandrinische Dichter sein können, welche Lukian dabei im Auge hat?

**) Ich habe diese Ansicht, dass der Apfel der V. nur ihr Attribut,

Und niemand wende ein, wie denn die Göttin, wenn man noch begreifen könnte, dass sie dieses Siegeszeichen stolz erhebt, dazu komme, diess mit einem gewöhnlichen Attribut zu thun? Warum soll die Göttin nicht, ich sage nicht stolz, aber freudig das Attribut erheben, welches das Symbol ihrer Macht ist? Denn diess ist sicher der Apfel in Händen der Aphrodite. Der Apfel ist bekanntlich Liebeszeichen. Als solches dient er Liebenden.*) Aus welchem Grund er das ursprünglich war, wird schwer zu sagen sein. In Hellas, wo mehr als irgendwo Schönheit und Liebe conexe Begriffe gewesen sind, war er diess jedenfalls nicht, ohne zugleich Symbol der Schönheit zu sein oder zu werden. Ganz ebenso vereinigt Aphrodite selbst in sich die Macht der Schönheit und der Liebe. Und ohne Zweifel knüpft eben hieran die Sage vom Apfel mit der Inschrift ‚der Schönsten' an, den Eris in den Hochzeitssaal geworfen und nach Zeus Bestimmung Paris als Richter der Schönsten ertheilt haben sollte.

Wenn die Künstler späterer Zeit Aphrodite den Apfel in die Hand geben, so werden sie wohl an den des Paris gedacht haben. Immer aber würde die Göttin als Einzelfigur sicher nicht so oft einen Apfel in der Hand halten, wenn sie ihn nur von dieser Sage her hätte. Es ist diess nämlich häufiger der Fall gewesen als man gewöhnlich annimmt.**) Nicht bloss auf

---

nicht der des Paris sein könne, schon wiederholt in meinen Vorlesungen und öffentlichen Vorträgen (vgl. den Bericht über den letzten in der Arch. Ztg. 1872 S. 109 ff.) ausgesprochen. Vgl. hierüber jetzt auch Fränkel in der Arch. Ztg. 1873 H. 1 u. 2, das mir, nachdem obiges längst geschrieben, zugeht. Uebrigens nimmt ja auch Kekulé (a. o. S. 22 f. a. O.) schon auf eine solche Ansicht Bezug, indem er sie zurückzuweisen versucht, während auch Fränkel meint, dass die Hauptfrage, ob die Göttin wirklich den Apfel hielt, noch nicht zu beantworten sei.

*) Nach Andern Dilthey, de Callimachi Cydippa S. 113 ff. Vgl. Fränkel a. a. O., der aber Diltheys Ausführungen nicht zu kennen scheint, und dessen eigene Ausführungen an einem andern Orte einer Revision unterzogen werden sollen.

**) Vgl. Fränkel a. a. O. Allerdings lässt sich die Zahl der dort aufgeführten Denkmäler leicht noch vermehren.

Münzen und geschnittenen Steinen und bei der Aphrodite des Kanachos zu Sikyon, wie Welcker (a. D. V. S. 380 A. 21) sagt, finden wir ihn, oft genug auch bei Bronzen und Terracotten, und aus all' dem werden wir schliessen müssen, dass auch die Marmorstatuen der Göttin häufiger dieses Attribut gehalten haben als man jetzt gerne zugiebt.*)

Und dass man gerade in Melos der Göttin gerne einen Apfel in die Hand gegeben haben mag, wird man doch auch anführen dürfen, da ja die Insel den Apfel, mit dem ihr Name gleichlautig war, auch als Wappen führt.**)

Und es scheint wirklich, dass die Alten es liebten, den einen Arm zu erheben, wenn das gewählte Motiv es erlaubte, und gerade bei Aphrodite. Man vergleiche nur z. B. die Venus von Ostia (vgl. die Münze von Lucilla, Cohen, méd. impér. T. III. pl. 1 n. 39), oder die Bronzestatuette in Wien, welche v. Sacken an die Venus von Milo erinnert (D. ant. Bronzen in Wien S. 36 T. XI, 5).

Und endlich die Richtung des Blicks in die Weite namentlich stimmt eben auch nicht zum Schildhalten;***) sie stimmt am besten mit dem Halten des Apfels überein.

---

*) Auch eine am 12. Mai dieses Jahres zu Pompeji gefundene durchaus farbig bemalte kleine Statue der Venus hält den Apfel. Leider habe ich mir noch keine Abbildung derselben verschaffen können. S. einstweilen Rev. arch. N. S. IV. 1873. p. 273. „Le bras gauche dont la main tient la pomme de Paris est appuyé sur une statue plus petite." Ich gestehe, dass ich schon früher selbst auch an eine Herme oder dergleichen der Statue zur Seite unterhalb des l. Arms gedacht habe. Vgl. v. Lützows Z. f. bild. K. Beibl. 1873. S. 420 aus der Köln. Ztg.

**) Diesen Gedanken trifft Welckers Einwand (a. a. O. S. 441) nicht, dass die Statue „als Venus mit dem Apfel des Paris diese Beziehung (auf Namen und Wappen von Melos) nicht würde haben können, weil in der Kunst, um bestimmt zu bedeuten, jede Sache nur Eines bedeutet und gilt und also bei einem Apfel nicht an Liebe und eine Insel zugleich zu denken sein kann." Der Apfel als Attribut hat nur einen Sinn, aber warum sollen die Melier wegen des Namens und Wappens ihrer Insel nicht gerade dieses Attribut dann gewählt haben?

***) Auch der höchst ingeniöse Restaurations-Versuch eines so treff-

Die Haltung des r. Arms,*) über dessen Verbleib es ja leider nicht mehr möglich scheint, zu einem bestimmteren Resultat zu gelangen, ergibt sich alsdann ganz von selbst. Und in der That, warum soll hier das bei halbbekleideten Venusstatuen so oft uns begegnende Motiv nicht am Platze sein, dass die Göttin mit der einen Hand das Gewand festhält und es vor dem Hinabgleiten bewahrt, um so sich vor völliger Entblössung zu schützen? Man hat die Frage, ob die Göttin in Gefahr sei, durch das Hinabgleiten des um den Leib geschlagenen Gewandes von den Hüften völlig entblösst zu werden, bald bejahend, bald verneinend entschieden. Für die Würdigung der Intentionen des Künstlers und deren Ausführung liegt aber wohl die Entscheidung nicht sowohl darin, ob in solchen Dingen erfahrene Techniker am Ende auf Grund von Versuchen jene Frage verneinen können, sondern darin, ob die Phantasie eines unbefangenen Beschauer s überhaupt nicht veranlasst wird, das Hinabgleiten sich zu vergegenwärtigen. Völlig ausgeschlossen ist der Gedanke an ein Hinabgleiten des Gewandes bei solcher Lage aber nur, wenn es festgehalten wird. Und dass der Künstler diese Absicht auch wirklich hatte, dafür, scheint es, liegt noch eine weitere Bestätigung vor. Die eng zusammengezogenen Falten auf dem rechten Schenkel erklären sich ja nur daraus, dass der Künstler andeuten wollte, dass dieselbe Hand, welche das Gewand über dem l. Schenkel festhält, es unmittelbar vorher über dem r. fester angezogen hatte.

Der Einwand aber, dass für das einfache Motiv des Festhaltens der Gewandung die Action der Göttin eine zu bewegte

---

lichen Künstlers wie Wittig konnte namentlich diese Schwierigkeit nicht bewältigen. S. v. Lützows Zeitschr. f. bild. Kunst. V. 1870. S. 353 ff u. 384 mit den Bemerkungen des Herausgebers der Zeitschrift.
*) Dumont d'Urville sagt (a. a. O. p. 207): ‚la (main) droite soutenait une ceinture facilement drapée.' Aber er fügt bei: ‚elles ont été l'une et l'autre mutilées, et sont actuellement détachées du corps.'

sei, sollte sich der nicht in diesem Zusammenhang durch die Erwägung erledigen lassen, dass der Künstler seine Göttin wirklich in der Action zeigen wollte, welche durch das Greifen nach dem Gewand hervorgerufen worden ist, dass es ihm eben nicht genügte, sie etwa nach Art einer inhaltslosen rhetorischen Figur bloss ihre Hand an das Gewand legen zu lassen?

Darüber aber mit dem grossen Künstler zu rechten, warum er den wundervollen Leib der Göttin zwar nicht ganz, aber halb entkleidet zeigen wollte — freilich gewiss nicht vor dem schönen Schäfer Paris —, das scheint mir wenigstens nicht richtig zu sein.

Doch wir kehren zu dem Puncte zurück, von dem diese Untersuchung ausgegangen ist und auszugehen hatte. Nicht nach unseren vorgefassten Ansichten haben wir das Recht, die Thatsachen zu gestalten und umzubilden oder auch nur über deren Bestand zu urtheilen: den Ausgangspunct für jene müssen vielmehr diese abgeben.

Ich war selbst für die Ansicht gewonnen, dass Aphrodite den Schild hielt, als ich im Sommer 1868 in Paris noch von einem liebenswürdigen Landsmann auf Dumont d'Urvilles Bericht aufmerksam gemacht, auf Grund des vorliegenden Materials zu der Ueberzeugung gelangte, dass die V. v. M. im Alterthum eben wirklich den Apfel gehalten haben muss.

Zu dem Gedanken, dass es dieser würdigen, ja hehren Erscheinung nicht zieme, mit dem Apfel des Paris sich zu brüsten, stimmte die Thatsache, dass, wie schon Welcker gezeigt, dieser Apfel erst verhältnissmässig spät in die Sage eingeschaltet ist. Freilich wohl schon in alexandrinischer Zeit; aber die Statue muss älter sein, wir werden sie nicht in das dritte Jahrhundert herabrücken dürfen; und selbst wenn sie dem dritten Jahrhundert angehören und der Apfel schon in diesem in der Litteratur in die Sage eingefügt sein würde, so war diese Version der Sage dann noch nicht verbreitet genug, als dass man aus ihr die Statue erklären dürfte.

Am tiefsten drückt heute noch bekanntlich Overbeck die Statue herab, wenn er sie in seinen Abschnitt über die kleinasiatische Kunst in Rom und Griechenland einreiht. Aber an einer anderen Stelle*) bricht auch bei ihm das richtige Gefühl so überraschend und überwältigend durch, dass man wohl kaum ein besseres Zeugniss für die Statue und gegen Overbecks eigene Ansicht, um so besser, gerade weil es unwillkürlich ist, beibringen kann, als eben dieses. Nachdem er schon vorher das „blühend schöne Weib voll göttlicher Hoheit" gepriesen, das „blühendste Fleisch, das je in Marmor gebildet wurde und in dem doch niemand die Göttin verkennen" könne, sagt er: „Erst eine Verschmelzung der Göttlichkeit der A. von Melos mit der zarten Schönheit etwa der Münchener Statue würde den Begriff der homerischen Göttin decken, und nur wer sich diese Verschmelzung vollzogen denken kann, dürfte eine Vorstellung der praxitelischen A. im Geiste schauen". Und doch soll die V. von Melos einer so viel späteren Zeit angehören! Das ist doch wohl nicht möglich, wenn die von Ov. selbst sonst so glücklich durchgeführten Principien der Kunstgeschichte im Geiste Winckelmanns richtig sind.

In der Rede zur Winckelmannsfeier — s. den Bericht in der Arch. Zeitg. 1872 S. 107 ff. — habe ich voriges Jahr zum ersten Male die Vermuthung ausgesprochen, dass der eigenthümliche Typus der praxitelischen Kunst sich erkennen lasse, wenn man die Statue des älteren Kephisodot als seines Vaters und Lehrers, von der Deutschland in München eine so treffliche Nachbildung besitzt, die Eirene mit Plutos, was sie nach Brunns Nachweis ja sicher ist, zusammenstellt mit den erhaltenen Nachbildungen des Apollon Sauroktonos zweifellos praxitelischen Ursprungs, mit dem Eros, von welchem wir in dem der unteren Hälfte verlustig gegange-

---

*) (a. a. O. S. 35).

nen Amor von Centocelle im Vatican die schönste wenn auch modificierte Nachbildung besitzen. Weniger stimmt damit die sog. knidische Venus in München, noch weniger die von Visconti im Museo Pio Clementino I T. XI publicierte.

Eine genaue Vergleichung der Photographien der heute im Vatican stehenden Statue erweist aber, dass diese Statue mit der von Visconti abgebildeten nicht identisch sein kann, dass sie mit der der knidischen Münzen, welche ohne Zweifel die praxitelische Aphrodite wiedergeben, besser stimmt, indem sie das sicher zugehörige Haupt, wenn auch nicht so stark wie diese, doch mehr als jene in's Profil stellt und nach abwärts neigt, und indem sie das Gewand mit der l. Hand nicht heraufzieht wie Viscontis Statue und die Münchner, sondern es fallen lässt wie die A. der Münzen, und dass sie den oben als praxitelisch bezeichneten Typus trägt.

Denselben Typus trägt auch die Venus von Arles im Louvre, wie ihr Kopf zu Arles.

Denselben, die von Overbeck jetzt auf ein praxitelisches Original zurückgeführten Statuen der Here.*)

Dagegen stimmt die Venus Viscontis zu den Niobiden. Ich selbst war von Niobe und den Niobiden ausgehend im Winter 69/70 in Rom auf den Gedanken gekommen, verschiedene der sog. Niobe- und Niobidenköpfe in den Gallerien aus dem Typus des Meisters, der sie geschaffen, zu erklären, wenn sie, wie öfter fraglos, den Typus trugen, ohne Niobiden zu sein.

Und da das Original des Apollon Kitharödos im Vatican, welches einen ähnlichen Typus zeigt, dem Skopas ziemlich allgemein zugeschrieben wird, so wäre damit für die Niobiden der Ursprung von Skopas erwiesen. Overbeck hat freilich gegen jene Annahme Bedenken geltend gemacht. Aber nachdem von anderer Seite her der praxitelische Typus sich herausgestellt hat,

---

*) Overbeck, Kunstmythol. II, II, II S. 54 ff.

so können die Niobiden nicht von Praxiteles, werden also von Skopas sein. Und wem das Eine oder das Andere für sich zweifelhaft erscheint, von dem hoffe ich, dass ihn das Ineinandergreifen dieser sich gegenseitig tragenden und ergänzenden Aufstellungen überzeugen wird.

Eine wesentliche Verstärkung scheint denn auch wirklich die Annahme des skopasischen Typus durch die Köpfe des wundervollen Frieses in München mit dem Hochzeitszug Poseidons und Amphitrites zu gewinnen. Im Unterschiede von den mehr länglichen und mageren, spröderen und etwas strengeren Formen des Typus, den wir für Praxiteles in Anspruch nehmen zu müssen glauben, finden wir die Formen des Leibes, und der Köpfe namentlich der weiblichen Figuren des anderen ‚Skopasischen' Typus voller, runder und weicher. Der Umriss des Gesichts z. B. ist entschieden hier mehr eirund, und, was über den Umriss des Antlitzes von der Stirne zum Kinn gilt, scheint sich in ähnlicher Weise für den des Kopfes von der Stirne nach hinten zu bewähren.

Nachträglich sehe ich, dass Visconti im Museo Pio-Clementino Band V zu Tafel 17 in Anm. 3 aus der Aehnlichkeit der von ihm publicierten Statue mit den Niobiden den Schluss auf praxitelischen Ursprung der Niobiden macht. Er täuscht sich also nur, indem er jene Statue für eine Replik der knidischen Venus hielt. Dagegen hat aber schon Overbeck gegründete Einwendungen erhoben, Einwendungen, bei denen dieser nur eben nicht bemerkte, dass die heute im Vatican stehende Statue von der in den D. d. a. K. abgebildeten verschieden sei (G. d. P. II². S. 35 u. 148).

Allein für die Venus von Milo ergiebt sich aus diesen Bemerkungen, wie es scheint, nur das negative Resultat, dass man ihr weder praxitelischen noch auch, wie Waagen, Welcker, O. Jahn, Stark, Wieseler, Schnaase u. Andere vermutheten, skopasischen Ursprung mit Bestimmtheit wird zuschreiben können.*) Ich breche desshalb hier ab, indem ich mir die Ausführung der zuletzt nur angedeuteten Gedanken bei der grösseren Tragweite derselben für eine eigene Untersuchung vorbehalte, welche dann auch der Venus von Milo ihren Ort in der Kunstgeschichte genauer wird anweisen können.

---

*) Die Einen vermutheten, dass sie selbst, die Andern dass ihr vorausgesetztes Original von Skopas oder seiner Schule herrühre. Vgl. Wieseler, D. d. a. K. II², S. 143; dagegen Bursian in Ersch. u. Grubers Encyclop. I, 82 S. 440. Fröhner a. a. O. p. 170 n. 3 rechnet die Büste der Venus zu Arles zur selben Schule wie die V. v. Milo. Ich kann diess nicht für richtig halten.

Berichtigung zu S. 9, Z. 20 sind die Worte „ohne allzugr. Widerstr." zu streichen.

Anmerkung zu S. 9. Die entgegenstehende Notiz Suhles (Z. f. bild. K. 1871. S. 91) über Friederich's Ansicht kann, wenn meine Erinnerung mich nicht völlig trügt, nur auf Aeusserungen aus der Zeit vor seinem letzten Aufenthalt in Paris beruhen. Immer bliebe das Urtheil gerade der Kenner, welche die Fragmente Tag für Tag unter den Händen hatten, bestehen.

Anmerkung zu S. 16. Fränkel (a. a. O. S. 36) beklagt, dass Ravaisson nicht auch das Verhältniss des Marmors der Handfragmente habe prüfen lassen. Aber Ravaisson sagt S. 28 bestimmt, dass die Fragmente „du même marbre" seien „que la V. de M.".

Anmerkung zu S 29. Die Frage, ob die Statue ein Originalwerk sei, ist oben gar nicht aufgeworfen worden. Inwieweit die Composition original im modernen Sinne ist, das lässt sich bei den hierin ganz verschiedenen Anschauungen der Alten, denen es um eine solche Originalität gar nicht zu thun war, schwerlich entscheiden. Dass die Statue aber als ein Originalwerk eines bedeutenden Künstlers anerkannt werden muss, das scheint mir nachgerade ausser Frage, nachdem die Künstlerinschrift definitiv beseitigt ist.

Beilage.

Ich lege aus den oben S. 5 erwähnten ‚Archives' den Bericht von Dumont d'Urville im Auszuge bei.*)

„*Relation d'une expédition hydrographique dans le Levant et la mer Noire de la gabarre de Sa Majesté la* Chevrette, *commandée par M. Gauttier, capitaine de vaisseau, dans l'année* 1820.

.... La *Chevrette* appareilla de Toulon le 3 avril au matin, et mouilla le 16 dans la rade de Milo. — — —

Le 19, je fus visiter quelques morceaux d'antiques, découverts à *Milo* peu de jours avant notre arrivée. Comme ils m'ont paru dignes d'attention, je vais consigner ici avec une certaine étendue le résultat de mes observations. — — —

Trois semaines environ avant notre arrivée à Milo, un paysan grec, bêchant son champ, — — rencontra quelques pierres de taille. Comme ces pierres, — — ont une certaine valeur, cette considération l'engagea à creuser plus avant, et il parvint ainsi à déblayer une espèce de niche, dans laquelle il trouva une statue en marbre, accompagnée de deux hermès et de quelques autres morceaux également en marbre.

La statue était de deux pièces, jointes au moyen de deux petits tenons en fer. Ce Grec, craignant de perdre le fruit de ses travaux, en avait fait porter et déposer dans une étable la partie supérieure avec les deux hermès; l'autre était encore dans la niche. Je visitai le tout attentivement, et ces divers morceaux me parurent d'un bon goût, autant cependant que mes faibles connaissances dans les arts me permirent d'en juger.

---

*) Anm. Ich halte den Abdruck dieses Auszugs um so mehr für geboten, weil Kekulés Bemerkungen zeigen, dass Fröhners Citate aus der ‚Relation', durch welche dieser doch selbst zur richtigen Ansicht gelangt ist, nicht genügend sind, und auch auch die meines längst eingegangenen ‚Archives' höchstens ni einem oder dem andern Exemplar nach Deutschland gekommen zu sein scheinen.

La statue, dont je mesurai les deux parties séparément, avait à très-peu de chose près six pieds de haut; elle représentait une femme nue, dont la main gauche relevée tenait une pomme et la droite soutenait une ceinture facilement*) drapée et tombant négligemment des reins jusqu'aux pieds. Du reste, elles ont été l'une et l'autre mutilées, et sont actuellement détachées du corps. Les cheveux**) sont retroussés par derrière et retenus par un bandeau. La figure est très-belle, et serait bien conservée si le bout du nez n'était entamé. Le seul pied qui reste était nu; les oreilles ont été percées et ont dû avoir des pendants.

Tous ces attributs sembleraient assez convenir à la Vénus du jugement de Pâris; mais où seraient alors Junon, Minerve et le beau berger? Il est vrai qu'on avait trouvé en même temps un pied chaussé d'un cothurne et une troisième main. D'un autre côté le nom de l'île Mélos a le plus grand rapport avec le mot $\mu\eta\lambda o\nu$, qui signifie pomme; ce rapprochement de mots ne serait-il pas indiqué par l'attribut principal de la statue?

Les deux *hermès* l'accompagnaient dans sa niche; du reste, ils n'ont rien de remarquable; leur hauteur est de trois pieds et demi; l'un est surmonté d'une tête de femme ou d'enfant, et l'autre porte une figure de vieillard avec une longue barbe.

L'entrée de la niche était surmontée d'un marbre de quatre pieds et demi environ sur six ou huit pouces de largeur. Il portait une inscription dont la première moitié seule a été respectée par le temps; l'autre est entièrement effacée. Cette perte est inappréciable; — — Au moins eussions-nous appris à quelle occasion et par qui les statues avaient été consacrées.

Néanmoins j'ai copié avec soin les caractères qui restaient encore de cette inscription, et je puis les garantir tous, excepté

---

*) Anm. Fröhner habilement.
**) Anm. Die Worte „Les cheveux — il est vrai quo" finden in Fröhners Citat p 170 n. 1 sich nicht.

le premier, dont je ne suis pas sûr. L'espace que j'indique pour la partie effacée a été mesuré d'après les lettres encore apparentes:

: ΑΚΧΕΟΣΑΤΙΟΤΤΠΟΙΤ........ΑΣ.

ΤΑΝΤΕΕΞΕΔΡΑΝΚΑΙΤΟ...........

ΕΡΜΑΙΗΡΑΚΛΕΙ (*)

Le piédestal d'un des hermès a dû porter aussi une inscription, mais les caractères en sont tellement dégradés qu'il m'a été impossible de les déchiffrer.

Lors de notre passage à Constantinople, M. l'ambassadeur m'ayant questionné sur cette statue, je lui dis ce que j'en pensais, et je remis à M. de Marcellus, secrétaire d'ambassade, la copie de la notice qu'on vient de lire. A mon retour, M. de Rivière m'apprit qu'il en avait fait l'acquisition pour le Muséum et qu'elle était embarquée sur un des bâtiments de la station. Cependant, à notre second passage à Milo au mois de septembre, j'eus le regret d'apprendre que l'affaire n'était pas encore terminée. Il paraît que le paysan, ennuyé d'attendre, s'était décidé à vendre cette statue moyennant 750 piastres, à un prêtre du pays qui voulait en faire cadeau au drogman du capitan pacha, et M. de Marcellus arriva au moment même où elle

---

*) Damit stimmt das Facsimile bei Clarac m. de sc. texte T. II p. II p. LIII n. 441. S. noch p. 853 f. (Vgl. C. I. G. 2430) fast genau überein. Nur steht hier Z. 1 statt des Puncts am Anfang ein B statt des E ein I, nach ΟΣ noch ein Σ, nach ΑΣ nicht mehr. Aber namentlich auch in der Angabe der Lücken und des Arrangements der Linien muss die Abschrift Dumonts von fast vollkommener Exactheit gewesen sein.

Damit vergleiche man die Abschrift des Vicomte Marcellus (souvenirs p. 247 n. 2):

ΔΑΚΧΕΟΣ ΑΤΙΟΤ ΤΠΟΓΤ ....
.. ΑΣ ΤΑΝΤΕ ΕΞΕΔΡΑ ......
...... ΗΚΑΙΤΟ ....
.. ΕΡΜΑΙ ΗΡΑΚΛΕΙ ....

Die Inschrift ist verloren, wie die Künstlerinschrift des Basisfragments!

allait être embarquée pour Constantinople. Désespéré de voir que ce beau morceau d'antiquité allait lui échapper, il mit tout en œuvre pour le ravoir, et, grâce à la médiation des primats de l'île, le prêtre consentit enfin, mais non sans répugnance, à se désister de son marché et à céder la statue. — — ..

Le 25 avril au matin nous doublâmes le promontoire désigné..."

Ferner füge ich das S. 7 erwähnte Verzeichniss des Vicomte Marcellus bei. Nach einer zweiten Auflage der ‚Souvenirs' von Marcellus erschien eine Recension von Ch. Lenormant im ‚Correspondant' 1854 XXXIII p. 618 ff., worauf Marcellus in der ‚Revue contemporaine' T. XII p. 292 ff. erwiderte. Die Replik Lenormants im Correspondant p. 930 ff. hatte dann eine Duplik des Grafen zur Folge (Rev. contemp. t. XIII p. 289 ff.):

„Un dernier mot sur la Vénus de Milo", welche wichtig ist durch thatsächliche Angaben und Behauptungen.

Der Graf zählt hier zunächst p. 291 die von ihm aus Milo mitgebrachten Gegenstände auf:

„No. 1, le buste nu de la statue.

No. 2, la partie inférieure drapée.

Yorgos, leur propriétaire primitif, — — m'avait livré aussitôt trois minces accessoires de la statue trouvés dans le champ à côté d'elle — —. C'étaient:

No. 3. Le haut de la chevelure, vulgairement dit le chignon etc.

No. 4. Un avant-bras informe et mutilé.

No. 5. Une moitié de main tenant une pomme.

Ces deux derniers objets me parurent d'un même marbre et d'un grain assez semblable à celui de la statue; mais je ne sus pas discerner, s'ils pouvaient raisonnablement s'appliquer à une Vénus dont l'attitude m'échappait. -- — —

Les primats — me remirent en même temps les trois Hermès No. 6, 7, 8 qui étaient encore à Castro et un pied gauche de marbre No. 9, qui avait été trouvé dans le voisinage du cam d'Yorgos plus bas vers la vallée, où sont les grottes sépulcrales. Ils voulurent me donner aussi l'inscription trouvée au même endroit, que j'avais déjà vue dans leur bourg; c'est celle qui commence par les mots grecs ΑΓΧΕΟΣ ΑΤΙΟΥ; mais etc. Je redis ici qu' à cette exception près, j'enlevai de Milo tout ce qui était sorti de terre avec la Vénus ou à côté et je n'ai nulle souvenance d' y avoir vu, encore bien moins d' y avoir acquis ou reçu moi-même une autre inscription grecque, qui fait mention d'un sculpteur au nom mutilé etc. On comprendra que je me serais saisi avidement de tout ce qui aurait pu jeter du jour sur la découverte; et comme je cite dans mes Souvenirs de l'Or. (t. I p. 249) une épigraphe à peu près insignifiante je n'aurais pas omis volontairement ou par négligence des lettres grecques voisines de l'excavation, ou indicatives de ses produits. On voudra bien aussi ne pas oublier que je ne désigne en effet que „trois Hermès, quelques socles et d'autres débris de marbre" t. I, p. 237, comme le résultat des fouilles consécutives d'Yorgos; et plus loin (p. 248) ces mêmes Hermès et autres fragments antiques sans jamais parler d'inscription. Weiteres s. o. S. 8.

Anhang.*)

I.

Ueber das Ergebniss der Vergleichung von ihr ähnlich componierten Figuren für die Restauration der V. v. M.

Eben erhalte ich von Michaelis, der auf meine Bitte bei seiner jüngsten Anwesenheit in England nach der von Fröhner (a. a. O. S. 170 Anm. 1) als der Venus v. M. besonders analog erwähnten „statuette fruste trouvée à Cnido" suchte, die Beschreibung nebst den Skizzen von drei derartigen kleinen Statuen oder vielmehr Statuentorsen in England freundlichst übersandt. Ich setze die Beschreibung nach Michaelis' Angaben und Skizzen her:

Zwei Exemplare befinden sich im brittischen Museum „mit der gleichen Bezeichnung und Nummer versehen, Torso of Aphrodite. Temple of Muses, Cnidus. [C. T. N.] No. 353".

A. Davon scheinen zwei Stücke erhalten zu sein. Ein unteres grösseres Fragment von der Basis bis zu den oben abgeriebenen, quer über den Leib laufenden Gewandfalten, die Basis eingeschlossen 0,285 m., ohne sie 0,27 hoch (die Füsse sind abgebrochen), und ein oberes kleineres, von der r. Schulter bis zum Bauch 0,14 m. messend: die nackte Brust bis zum Bauch; die Arme sind ganz ähnlich abgebrochen wie bei unserer Statue.**) Dieses Fragment ist „von gelblichem parischem Marmor; am Rücken einfach, aber nicht schlecht behandelt, an der linken Brust eine leise Verletzung, kein Ansatz. Das untere Stück ist von gleichem, auch gleich gefärbtem Marmor; das Gewand wie gewöhnlich minder glatt. Rückseite sehr flach und oberflächlich behandelt. Am rechten Schenkel fehlt das Motiv der Melierin mit den untergesteckten Gewandfalten und dem dadurch entstehenden Faltendreieck; am linken Schenkel ist das

---

*) Im Begriff, nachdem der Text des Programms gedruckt, obigen „Anhang" in die Druckerei zu schicken, geht mir schliesslich auch noch J. J. Bernoulli „Aphrodite" Leipzig 1873. zu. Derselbe behandelt im Cap. X S. 137 ff. den „Typus der melischen Aphrodite", ohne aber in Betreff der Restauration neue Gründe in's Feld zu führen, und auch ohne zu einer bestimmten Ansicht zu gelangen. Sodann giebt er im Anschluss an die bekannten Bemerkungen O. Jahns in den Ber. d. Sächs. G. d. W. 1861 S. 122 ff. mit einiger, doch nicht erschöpfender, Vollständigkeit eine Uebersicht über die „Wiederholungen der A. von Melos" und die näheren und entfernteren Modificationen des Typus der Melierin, wozu dann noch ein XI. Capitel kommt: „Sonstige Aphroditedarstellungen der höheren Auffassung", übrigens in einer Classificierung, die auch viel zu wünschen übrig lässt, und mit Beschreibungen, welche namentlich für Figuren, von denen noch keine Abbildungen existieren, vielfach sehr ungenügend sind.

Ich werde in nachfolgenden Anmerkungen die leider nur ganz kleine Ausbeute noch zu verwerthen suchen, welche ich daraus für vorliegende Arbeit, soweit ich die betreffenden Abschnitte im Augenblick mitten im Drang anderer Arbeiten übersehen kann, habe ziehen können.

**) Bernoulli kennt nur das eine Bruchstück des Oberleibs (S. 162, Nr. 5), das andere, sowie B und C hat er nicht gesehen. C citiert er (S. 64) nach Conze. S. S. 39.

Gewand zusammengeknotet und fällt aussen am Bein herab. Der Cippus daneben ist oben (und unten) abgebrochen, die Handhaltung nicht erkennbar. Die Zusammengehörigkeit beider Stücke ist nicht unbestreitbar und z. B. von Newton bezweifelt, Michaelis aber nicht unwahrscheinlich; erscheint auch das obere Fragment etwas klein, so fehlt ja gerade die Ausladung des Beckens und der Hüften. Namentlich in der Profilansicht, wo diess wegfällt, passen die beiden Fragmente gut zusammen in den Dimensionen".

Stellung und Gewandung ist im übrigen der Melierin ähnlich, doch scheint auch der rechte Fuss nicht auf einer Erhöhung, sondern unmittelbar auf dem ebenen Boden gestanden zu haben. Für die Aehnlichkeit der Haltung der Arme und damit auch für die Zugehörigkeit des Fragments des Obertheils spricht wohl auch die Aehnlichkeit des Bruchs derselben; bes. auffällig scheint die des Bruchs am r. Oberarme zu sein.

B „gleichen Fundorts und gleicher Nummer, ist von etwas gröberem Marmor und viel geringerer Arbeit. Es hat auch den Cippus neben sich. Die Falten am l. Schenkel sind nicht mehr verfolgbar". Dieses Bruchstück reicht nicht ganz so weit nach aufwärts als A. und ist weit mehr beschädigt, auch ohne Basis, übrigens in etwas grösserem Maasstab; es misst ohne Füsse bis zu den nur zum kleinsten Theil erhaltenen Queerfalten 0,345.

C. Ein Fragment in Cambridge, von dem mir auch Matz freundlichst eine Skizze übersandt hat, in Dr. E. D. Clarkes collection im Fitz-William Museum, „von Conze Arch. Anz. 1864 S. 172 erwähnt,*) aber ohne die Aehnlichkeit mit der Melierin zu bemerken", mit Hinweis auf die von Gerhard auf Venus-Proserpina gedeutete Figurenreihe (Clarac pl. 632 A. B). „Es ist von grobem parischem Marmor und gewöhnlicher Arbeit. Die Falten aussen am linken Bein. Der l. Fuss tritt auf eine Felserhöhung. Neben dem l. Bein eine runde Basis, darauf eine Frau in langem Chiton mit Mantel darüber, in der Art der alten Aphroditebilder". Das Bruchstück ist bis zum unteren Theile des Leibes incl. erhalten (0,47 m. hoch), und es scheint, wir besitzen damit die eine untere Hälfte der von Anfang an in 2 Hälften gearbeiteten Statue; denn die eine Skizze zeigt deutlich ein bei diesem unbedeutenden Fragment doch zweifellos ursprüngliches Loch für einen Zapfen. Die Figur war also wie die V. v. M. aus zwei Hälften gearbeitet.**)

Uebrigens hat ihre Gewandung von der der Statue von Melos etwas stärkere Abweichungen; das Gewand ist tiefer herabgesunken und keines-

---

*) Clarkes collection befand sich damals noch in der University Library. Vgl. über die Versetzung Hübner im Arch. Anz. 1866 S. 301.
**) Beachtenswerth ist immerhin, dass sich der von Stark in Smyrna gesehene Torso auf den Bernoulli S. 162 aufmerksam macht, aus zwei Hälften gearbeitet war. S. Beil. zur Allg. Zeit. 1872 S. 5106. Uebrigens scheint es, dass man sich überhaupt nicht scheute Statuen aus mehr als einem Stück zu arbeiten. Vgl. z. B. Brunn, Glyptothek S. 110 1. Aufl).

wegs mit gleicher Sorgfalt um den Leib geschlagen, wie denn auch kein Gewandzipfel vom r. Schenkel herab zwischen den Beinen herabfällt.

Diese drei Statuetten-Torsi stellen zwar also nicht Venus, wie Fröhner mit Berufung auf einen Abguss bei Tarral sagt, an einen Cippus gelehnt dar — ‚appuyée contre un cippe'. Aber wir finden hier allerdings allemal einen Gegenstand ihr zur Seite, den Rest eines Cippus bei A und B, einer Statue auf einer Basis bei C, ohne dass wir genauer sagen können, in welcher Verbindung die Göttin sich damit befand, wohl aber allerdings, dass sie mit ihr nicht eine Gruppe bildete. Aehnlich hat nun Tarral die V. an einem Gypsabguss ergänzt, indem er eine der oben mehrfach erwähnten Hermen neben die Venus gestellt hat. So berichten die Dioskuren (a. o. S. 15 a. O. S. 215)*), während Fröhner, wie ich selbst oben in dem hier gedruckten Auszug aus einer weit umfangreicheren Arbeit, dieses anzuführen unterliess. Tarral beruft sich auf ‚eine schöne und grosse Venus in Terracotta' in der Campanaschen Sammlung im Louvre, welche die V. in gleicher Verbindung mit einer Herme darstelle. Ich weiss über diese leider nichts Näheres. Dagegen mag hier nunmehr noch, weil sie einen Apfel hält, die Beschreibung einer Terracotte der Sammlung Jatta stehen (catalogo p. 102 Nr. 28):**) „Statuetta, alta 0,90 m. Rappresenta Venere vincitrice. La Dea è nuda, ma una clamide la ricopre dai lombi in giù. Una colonnetta le sorge al fianco sinistro sulla quale leggermente ella si appoggia col braccio. Stringe nel pugno il — pomo —. Un diadema le cinge la fronte, e poggia il braccio destro sul fianco".

Doch wir gerathen damit auf das Gebiet von jedenfalls ferner stehenden Umbildungen des melischen Typus, vorausgesetzt, dass es sich hier überhaupt noch um eine Umbildung dieses Typus handelt.***) Kehren wir zu unserer Statue zurück.

Mit einer Ergänzung der Venus mit einer Herme oder irgend einer anderen Figur oder Sache ihr zur Seite (vgl. o. S. 26 Anm. *) würde jedenfalls auch der Forderung Overbecks wenigstens genügt, die freilich, insoweit als sie auf das Basisfragment fusst, völlig unberechtigt ist, dass der Statue irgend etwas zu ihrer Linken beigegeben gewesen sein müsse (Gesch. d. Pl. II² S. 327 u. 393), und ebenso der wiederholt gemachten Bemerkung (z. B. von Quatremère de Quincy a. a. O. S. 16, Ravaisson S. 31, vgl. Tarral nach den Dioskuren a. a. O.), dass die Gewandung der Statue auf ihrer l. Seite etwas weniger sorgfältig gearbeitet sei (vgl. auch Hettner, Museum der Gypsabgüsse in Dresden, 3 A. S. 65).

Dass überhaupt eine der Statuen oder Statuetten, welche als der Venus näher stehend für ihre Restauration irgend in Frage kommen könnten,

---

*) Der Bericht über Tarrals Restauration, welchen Fröhner neben dem in den Dioskuren citiert, im „Spectator" 1861, 5. Octbr. p. 1091 ist mir hier nicht zugänglich.
**) Auch diese Statuette findet sich bei Bernoulli nicht.
***) Ich habe durch gütige Vermittelung Heydemanns um eine Skizze gebeten, die alsdann baldmöglichst publiciert werden soll.

den Apfel in der einen Hand gehalten, mit der andern nach dem Gewand gegriffen habe, lässt sich bis jetzt wenigstens nicht behaupten, aber bei mehreren, namentlich das erstere, auch nicht verneinen. Bei A war das Festhalten des Gewandes, wie es scheint, durch einen Knoten ersetzt, von B lässt sich in Folge der schlechten Erhaltung nichts sagen, C zeigt bereits wieder grössere Abweichungen. Nur auf einem Relief im Museo Chiaramonti (Nr. 39, abgeb. bei Gerhard, ges. akad. Abhandlungen T. LV, 1, Müller-Wieseler, D. d. a. K. II, 50, 627)*) hält noch jetzt eine leider inmitten des Leibs abgebrochene Venus, welche eine der V. von M. ähnliche Stellung und Gewandung hat, wenn auch ihr l. Bein nicht aufgestellt ist, das Gewand fest, aber allerdings umgekehrt nicht mit der r., sondern mit der l. Hand.

Ein bestimmtes Resultat aus den der Venus von Milo mehr oder minder ähnlichen Figuren zu ziehen, darauf wird man für jetzt wenigstens verzichten müssen.**) Es ist nicht eine einzige besser als unsere Statue erhaltene directe Wiederholung der Venus von Milo auf uns gekommen. Ja es scheint fast, dass alle ähnlichen Statuen, die bis jetzt irgend genauer bekannt geworden sind, abgesehen von ihrer durchweg mangelhaften Erhaltung, nicht einfache Wiederholungen der Statue, sondern sämmtlich, insoweit sie Nachbildungen unserer Statue oder Wiederholungen derselben überhaupt sind, modificierte Nachbildungen sind.***) Es ist also unmöglich, aus ihnen für die Composition unserer Statue bestimmte und positive Folgerungen zu ziehen. Und dasselbe gilt von den Reliefen, Gemmen, Münzen.****)

Diess gilt von der Venus im Kafeehaus der Villa Albani, gilt von der Venus von Capua, von den mit Mars gruppierten Gestalten, von andern Venusstatuen und -Figuren überhaupt mit ähnlichen Motiven, von der Victoria von Brescia und den andern ähnlichen Victorien, und gilt schliesslich von den ähnlich componierten Musen, von denen z. B. manche sich recht weit vom Typus der Melierin entfernen, während andere ihr wieder näher stehen.

*) Bernoulli hat sie Cap. XV S. 261 eingereiht.
**) Ich behalte mir vor, an einem anderen Orte über die näheren und entfernteren Wiederholungen des Typus der V. v. M. zu handeln, eine Arbeit, welche durch Bernoullis Schrift leider keineswegs überflüssig geworden ist.
***) Bernoulli zählt als „Wiederholungen der Aphrodite von Melos" auf 1. die „A. v. Capua' 2. ,die Replik im Kafeehaus der Villa Albani', die V. Valentin unter dem ungehörigen Namen der Venus Torlonia aufs neue beschrieben und T. IV, 10 abgebildet hat. 3. den Torso von Trier (Jahrbb. d. rhein. Alterthumsfr. XIII T. 2). 4. einen von Stark in Smyrna gesehenen Torso (s. o. S. 39 A.") 5. das Fragment von Knidos (s. o. S. 39 unter A). Aber unter diesen 5 Nummern ist, wie ja Bernoulli selber nicht bestreiten wird, wohl keine einzige eine einfache Wiederholung der V. v. M. Nr. 3 ist grausig verstümmelt, Nr. 4 steht mit dem l. Fuss auf einem Helm, scheint also der Venus von Capua näher zu stehen, über Nr. 5 s. im Text. Dagegen ist es nicht unmöglich, dass namentlich unter den von Bernoulli in der gemischten Gesellschaft unter d aufgeführten Nummern der V. v. M. wenigstens eben so nahe, wenn nicht noch näher stehende, aber eben auch verstümmelte ,Wiederholungen' sich befinden.
****) Mit Recht hat das denn auch Bernoulli unterlassen. Ich selbst hätte aus diesem Grunde die Replikenfrage hier zunächst ganz bei Seite gelassen, hätte mir nicht die Freundlichkeit von Michaelis im letzten Moment obige Beiträge geliefert.

Nachträge.

1.

Ich erhalte durch Starks Güte noch eine genauere Beschreibung des Smyrnaer Torso, den er kürzer a. o. a. O., und ausserdem in seinem demnächst erscheinendem Werk: „Nach dem griech Orient. Reisestudien. Heidelberg 1874" S. 195 beschrieben hat: „Es ist ein Torso, d. h. der untere wohl erhaltene Theil der Statue, ganz im Motiv der Venus victrix, von marmo salino, auf der ovalen Basis 1,20 m. hoch. In der Oberfläche ist ein grosses Zapfenloch und ein kleines angebracht. Der l. auf einen wohlerhaltenen Helm gesetzte Fuss tritt weiter zurück, als bei der Venus von Milo, und das Bein er schien mir auch schräger gestellt. Das Gewandmotiv ist ganz das bekannte; an dem über das l. Oberbein herabhängenden Gewandzipfel sind die kleinen Gewichte am Endzipfel sichtbar". Von dem Reste der Hand oder eines Schilds, die etwa aufgelegen hätten, hat Stark nichts bemerkt. Den Faltenwurf schildert er als durchaus grossartig behandelt und die Oberfläche als gut erhalten. Ueber den Fundort vgl. Stark a. a. O. Im übrigen bestätigt die genauere Beschreibung, dass wir es in dem Smyrnaer Torso mit einer ebenfalls von der V. v. M. abweichenden, und wie es nach dem Helm und darnach, dass der Fuss weiter zurück tritt, scheint, der V. von Capua näher stehenden Composition zu thun haben; es tritt für's zweite die Aehnlichkeit der Zusammensetzung auch dieser Statue aus mehr als einem Stücke Marmor noch deutlicher in's Licht, indem ebenfalls zwei Zapfen die Verbindung der beiden Hälften befestigten,*) und endlich mag der Fundort noch betont werden, da die Statuetten von Knidos ja ebenfalls, wie die V. v. M. selbst, aus dem „griechischen Orient" sind.

*) Man beachte auch wegen S. 14 noch das kleinere Zapfenloch neben dem grösseren.

2.

Nach den Zeitungen befindet sich jetzt im Louvre eine weitere „zu Falerone gefundene" „Variante der V. v. M.", deren „linker Fuss auf einem Helm ruht". Diess ist wohl ohne Frage die in den Mon. d. Inst. III, 2, 1 a u. b. abgebildete und von Minicis in den Ann. 1839 p. 23 ff. beschriebene und als Muse gedeutete Statue, die des Kopfes mit dem Hals und einem Theil namentlich der linken Brust, sowie des l. Arms ganz, des r. grossen Theils beraubt ist, aber, wie der Bericht in den Zeitungen sagt, noch beide Füsse hat. Darnach O. Jahn a. a. O. S. 125 A. 38 und Bernoulli S. 175 Nr. 5. Dass nun er nicht mehr vollständig erhaltene Gegenstand, auf dem ihr l. Fuss aufsteht, von Minicis (und Bernoulli, O. Jahn scheint stillschweigend zuzustimmen) unrichtig eine Kugel, jetzt wohl richtig ein Helm genannt wird, geht auch aus der Zeichnung hervor, obschon diese, vielleicht unter dem Einflusse des Missverständnisses, hierin ungenügend ist. Die Statue von Falerone würde also nicht zu den Musen, aber, da sie bekleidet ist, auch kaum zu den Venusstatuen zu stellen, sondern wohl eher als Victoria aufzufassen sein, zumal da die einfachste Erklärung der starken Verstümmelung des Rückens der sonst, abgesehen von den oben aufgeführten Verlusten, wohl erhaltenen Statue die sein wird, dass die Flügel — von Bronze? — dort abgebrochen sein werden. Doch darüber, sowie von den verwandten Compositionen überhaupt, soll, wie gesagt, anderswo noch gehandelt werden.

II.

Ueber die Zugehörigkeit des Basisfragments mit der Künstlerinschrift.

Da auch Bernoulli wieder unter den Gründen, welche aus der Zeichnung Debays, die Clarac (s. o. S. 12 f.) seiner Notice beigegeben hat,[*]) gegen die Zugehörigkeit des Basisfragments mit der Künstlerinschrift (s. o. S. 8) zur V. v. M. herzuleiten sind, zwar einen von mehr als zweifelhaftem Werth, aber gerade den nach meiner Ansicht entscheidenden nicht angeführt hat, und da dieser selbst von Fröhner (p. 176 f.) und Kekulé (S. 65) nicht beachtet wird, so soll hier schliesslich noch entwickelt werden, was sich aus der genauen Betrachtung der Zeichnung, und der Vergleichung derselben mit den Aeusserungen Claracs ergibt, wenn man den Knoten nicht, statt ihn zu lösen, zerhauen will, wie Overbeck (Gesch. d. Pl. II² S 390 A. 50) thut, während V. Valentin (a. a. O. S. 41 ff.) ein Zeugniss Claracs in sein Gegentheil umdeuten will, an der Zeichnung (s. T. III, 6) die Hauptsache übersieht, und schliesslich ein Zeugniss beibringen will, das kaum Erwähnung, geschweige Widerlegung verdient (S. 44 vgl. t. I. u. II. u. s. S. 66).

Clarac (p. 24. 48) sagt bestimmt, dass der Marmor des Fragments von dem der Statue verschieden sei. Das Fragment kann also nicht ursprünglich zur Statue gehört haben; es könnte nur von einer Restauration herrühren. Dass es aber auch von einer solchen nicht herrühren kann, beweist eben die Zeichnung. Bei einer Restauration müssten die Basis der Inschrift und das Fragment an der Seite, wo sie aneinander gefügt sein sollen, vom Steinmetzen dazu in der oder jener bestimmten Form abgearbeitet, zugeschnitten sein. Das Fragment und die Basis zeigen aber in der Zeichnung da, wo sie zusammen gesetzt sind, keine Schnitt-, sondern Bruchflächen. So sehen die Ränder nicht aus, wenn sich zwei zusammengefügte Stücke wieder gelöst haben. Dann müsste der Bruch entweder einfach glatt sein, oder, wenn gleichzeitig mit dem Bruch oder später Beschädigungen stattfanden, so müssten Stücke dazwischen fehlen, welche herausgebröckelt sein könnten. Die hier gezeichneten Ränder zeigen aber, wo sie von der geraden Linie abweichen, nicht durch Abbröckeln entstandene Vertiefungen, sondern Vorsprünge, wie sie bei einem wirklichen Bruche eines ganzen Stücks entstehen. Fröhner hat zwar nicht Unrecht, wenn er (S. 177) die Basis nicht genau genug gezeichnet findet. Auf der Seite, wo die Plinthe noch besser erhalten war, da begnügte

---

[*]) Vgl. über diese Zeichnung Marcellus, rev. contemp. XIII. 1854. p. 295 und Longpérier bei Friederichs, Bausteine 18. 334. Sie ist darnach auf den Wunsch des verbannten Malers David, als dieser die Ankunft der Venus aus den Journalen erfahren hatte, durch Vermittlung von Baron Gros mit Genehmigung des damaligen Generaldirectors der Museen, des Grafen v. Forbin, von A. Debay unter Beihilfe seines Vaters J. B. Debay angefertigt. Forbin, Gros und J. B. Debay waren Schüler Davids, A. Debay ein Schüler von Gros. „Un calque du dessin fut envoyé à Bruxelles", das Original blieb in Paris und davon erhielt Clarac ,plus tard' eine Copie.

sich der Zeichner, wie es scheint, mit einigen Linien, die er unwillkürlich nach moderner Praxis regelmässiger gezogen haben mag. Auf der Seite, wo sie abgebrochen war, zeichnete er die Bruchlinien etwas genauer; freilich nur so genau, dass man ohne schärferes Hinsehen daran denken kann, das Stück treffe gerade recht (bien juste) in die Linie der Vorderseite der Plinthe der Statue, und passe hinten und vorn genau mit seinen ‚fractures', wie Clarac, der ja die Zeichnung seiner Schrift beigelegt hat, (p. 49) den ihm vorliegenden Thatbestand beschreibt, und wie das Fröhner von der Zeichnung zugibt, welche er eben desshalb als ungenau tadelt. Allein sieht man schärfer zu, so sieht man doch aus dieser Zeichnung mit völliger Sicherheit, dass der Bruch des Fragments und der der Basis der Göttin nicht genau passten, man sieht aber zweitens, und das ist die Hauptsache, völlig klar, dass die Basis der V. und das Fragment der Inschrift zweifellos nicht mit Schnittflächen aneinanderstiessen.

Freilich eine Aussage liegt vor, welche man für die Zugehörigkeit auf Grund einer Restauration könnte geltend machen wollen. Der Verfasser des Textes zur V. v. M. in Bouillons Musée des Antiques (nach Clarac, m. d. sc. III. p. CCCLVII Bins de Saint-Victor) gibt an, die Inschrift stehe auf einem Marmorstück — „taillé en biseau pour être encastré dans la plinthe laquelle a été entaillée elle-même justement autant qu'il le faillait pour qu'il pût y être parfaitement ajusté." Ohne Frage, wenn die Ränder so ausgesehen haben würden, dann könnte man an der Zugehörigkeit des Fragments, in Folge einer Restauration, nicht mehr zweifeln. Allein diese Angabe muss ungenau sein, sie giebt offenbar nur, wie das so zu gehen pflegt, als Thatsache an, was die Gewährsmänner von Saint-Victor als Vermuthung ausgesprochen hatten.

Clarac spricht, obgleich er das Stück bei einer Restauration angesetzt glaubt, auch in seinem Text (s. o. S. 43) von ‚fractures'. Er will wahrscheinlich machen, dass man die Inschrift erst auf das angesetzte Stück eingrub, nicht ein schon eine Inschrift tragendes Stück an die Basis der Göttin ‚avec ses fractures' anzupassen sich mühte, und sagt da: „Pourrait on croire — que, par conséquent, on eût pris beaucoup de précaution pour que cette inscription, d' aucun intérêt, inutile à conserver, — arrivât bien juste dans l'alignement de la surface antérieure de l'ancienne plinthe, et qu'elle s'ajustât exactement par derrière et de côté avec ses fractures?" Da muss man doch fraglos ergänzen: wie wir das heute an dem Inschriftfragmente sehen. Nein, soviel Mühe, um diesen Zweck, dass das hinzuzufügende, mit einer Inschrift schon versehene Stück mit seinen Brüchen und in seiner Erstreckung genau zur Basis der Statue passe, wird man sich nicht gegeben haben. So schliesst er denn dann: „Ces suppositions ne me paroissent pas probables, et il l'est beaucoup plus de penser qu'on a suivi la marche ordinaire; on aura réparé la plinthe et l'on y aura ensuite gravé l'inscription." Würde Clarac Schnittflächen gesehen haben, so hätte er ja einfach sagen müssen, man sieht es ja, hier ist nicht ein anderswo abgebrochenes Stück mit seinen Bruchlinien an die Plinthe angepasst, man hat einfach ein beliebiges Stück Marmor dazu zurechtgeschnitten. Statt sich den ‚fractures' gegenüber auf den Augenschein zu berufen, sieht er sich genöthigt, sich mit Vermuthungen zu begnügen. Und wie könnte er sonst ohne berichtigende Bemerkung eine Zeichnung beigeben, welche alles eher als Schnittflächen zeigt? Endlich hat er später*) die Frage, ob man sich so viel Mühe gegeben haben werde, ein Stück, das eine Inschrift bereits trug, anzupassen, bejahend beantwortet, wie er denn die Möglhkeit, dass diess der Fall gewesen, auch schon am Schlusse seiner Argumentation zugibt. „Plusieurs raisons déduites dans ma Notice (sic) me disposeraient à penser que le marbre de cette inscription avait fait partie de la plinthe d'une statue due au sculpteur de notre Vénus et qu'on n'eût pas respecté et employé ce marbre à la restauration de la plinthe de la V. d. M., si l'inscription n'avait pas offert le nom de son auteur que la tradition avait conservé, et qu'on retrouva sur un fragment d'un de ses ouvrages trop mutilés pour être réparé." Also Clarac hat keine Schnittflächen gesehen. Er sah „fractures", und er hat nur vermuthet, dass man bei der Ansetzung eines Stücks das gewöhnliche Verfahren beobachtet haben werde, ohne sich für diese Vermuthung auf den Thatbestand selbst berufen zu können oder zu berufen. **)

T. II p. II P. 1841. p. 841 No. 421, wo er die Inschrift allein aufführt, sagt er nur: „Voyez — la V. d. M., à laquelle cette incription a pu appartenir".

Offenbar war sich Clarac, als er die Notice schrieb, nicht völlig klar über den Unterschied von Schnitt- und Bruchflächen, insofern dieser auch dann sich zeigen muss, wenn die Schnittflächen später beschädigt worden sind.***)

---

*) So wenigstens schon 1830 — denn ob es schon früher geschah, weiss ich nicht, da mir Claracs Ausgabe und Ergänzung von Viscontis descr. (Nr. 13 und 14 in Fröhners Verz. p. XIV. XV) nicht zur Hand sind — in der descr. du musée royal des ant. du L. P. 1830. p. 108 und noch in der (nach Claracs Tod herausgegebenen) descr. des musées de sculpt. ant. et mod. du Louvre (manuel de l'art t. I P. 1847) p. 104, wiederholt im m. de sc. t. IV P. 1850. p. 81.

**) Diese Auseinandersetzung soll in positiver Erörterung die Argumentation V. Valentins (a. a. O. S. 41 ff.) beseitigen, welcher Claracs Worte gegen Fröhner so auslegen will, als bezeugten sie Schnittflächen, und auf Tafel III Fig. 6 eine Zeichnung beigibt, in der die Hauptsache, worauf es hier ankommt, übersehen ist. Man vgl. mit seiner Lithographie nach der Zeichnung bei Clarac den Holzschnitt bei Fröhner S. 176. Der von Valentin a. a. O. für die Schnittflächen aus dem Zustand der in Rede stehenden Partie der Basis der Venus an (mechanisch) verkleinerten Gypsabgüssen derselben ohne Fuss (vgl. seine Tafel I u. s. S. 66) versuchte Beweis verdient keine Widerlegung.

***) Wie leicht man dazu kommen konnte, sich einen solchen Unterschied nicht völlig klar zu machen, beweist die Art, wie der treffliche Friederichs, Bausteine I. S. 332 sich über die Inschrift äussert (vgl. V. Valentin a. a. O. S. 43), und Clarac schrieb die Notice über die V. in den allerersten Jahren seiner Amtsführung.

Damit aber nun nicht etwa jemand daraus den Schluss ziehen möge, wenn ein Urtheil von Clarac aus dieser Zeit über technische Fragen weniger Werth zuzuschreiben sei, so müsste das auch von seinem Urtheil über die Armfragmente gelten, so ist dagegen zu erwidern, einmal, dass Clarac sich in Rücksicht dieser ausdrücklich auf das

Die Thatsache aber, dass das Basisfragment, so wie Clarac es vor sich sah, unmöglich in der von ihm selbst früher angenommenen Weise angesetzt gewesen sein konnte, zwang ihn schliesslich, zu der Annahme zu schreiten, welche er früher als der Wahrscheinlichkeit widersprechend zurückgewiesen hatte, freilich (ein deutliches Zeichen seiner völligen Rathlosigkeit gegenüber der unlösbaren Aufgabe, die Verbindung dieser Inschrift, die er einmal für mitgefunden hielt, mit der Statue zu erklären) nicht ohne schliesslich diese Möglichkeit doch wieder zuzulassen, zu der Annahme, dass hier ein ganz besonderer Fall vorliege, dass man das Fragment der Basis einer andern Statue von demselben Meister, der die V. v. M. geschaffen, das seinen Namen trug, nachdem die Statue unheilbar zerstört, unsrer Statue so gut wie möglich angefügt habe, die, im übrigen besser erhalten, gerade an der Basis verstümmelt war.

Gewiss konnte Clarac auf einen so völlig haltlosen, abenteuerlichen Gedanken gerade nur desswegen kommen, weil, was er vor sich hatte, eben durchaus nicht aussah, wie eine bei einer Restauration in regelmässiger Weise geschehene Ergänzung, und weil er, aber völlig ohne Grund (s. S. 9 u. 37)*), die Inschrift einmal für mitgefunden und zur Statue gehörig ansah.

Dass man keine Schnittflächen sah, sondern nur, weil man das Fragment mitgefunden glaubte und desshalb für zugehörig hielt, während der

---

Urtheil des langjährigen Restaurators Lange bezieht (s. o. S. 11), und dass er zweitens diese Ansicht über die Fragmente immer fest hielt, so dass er auch, als er sonst gern für Millingens Ergänzung mit dem Schild sich entschieden hätte, immer noch eben nur durch die oben a. a. O. erwähnten gleichmässigen Abblätterungen daran gehindert wurde (s. d. S. 45 Anm.* angef. Werke). Endlich mag für das Handfragment dann hier auch noch O. Müller angeführt werden, der sich in seiner Anzeige von Claracs Schrift (in d. Gött. gel. Anz. 1823 S. 1821 ff.) nicht in Betreff des Basisfragments, dem er übrigens ausdrücklich „grobes Korn" zuschreibt und von dem er nach Anführung von Claracs Argumentation sagt: „Indess ist die Sache nach des Ref. Ansicht noch völlig zweifelhaft", wohl aber für die Armfragmente ausdrücklich auf Autopsie beruft, und dann von der Hand mit dem Apfel erklärt: dass „man nach Marmor und Arbeit durchaus nicht zweifeln kann, dass sie dazu gehört". In seiner Anzeige von Q. d. Q.'s Schrift (Gött. gel. Anz. 1821 St. 16) hatte O. M., offenbar noch ohne das Armfragment gesehen zu haben, sich für dessen Ansicht ausgesprochen, die Autopsie hat ihn davon zurückgebracht, und auf Grund derselben widerspricht er auch noch 1836 (Gött. gel. Anz. v. d. J. S. 1646) Millingens Idee der Ergänzung mit dem Schild, indem er die Statue von Melos von der von Capua unterscheidet. Noch in der Archäologie der Kunst (§ 376 A. 5. 6 S. 579 in der 3ten von Welcker bes. Ausg.) hält O. M. — denn so muss man seine knappen Sätze interpretieren — die Zugehörigkeit der Hand fest, nur vielleicht auf Grund einer ersten Restauration, aber eben so, dass er im letzteren Falle eine erstmalige Restauration von einer zweiten, barbarischen unterscheidet. Dieser barbarischen Restauration schrieb er dann ohne Zweifel auch, „wenn die Inschrift dazu gehört", diese zu. O. Müller, wie so viele nach ihm, verleugnet also offenbar nur seine eigene Einsicht in Betreff der Inschrift, aber nur widerwillig und unter Vorbehalt, unter dem Gewicht der Behauptungen Claracs, die ebendesshalb einmal ausführlich auseinandergelegt und beurtheilt werden mussten.

*) Man könnte sich an der Behauptung stossen, dass Clarac über die Geschichte des Funds falsch unterrichtet gewesen sei, aber er war es ja ganz gewiss auch in Betreff der Fragmente des l. Arms (s. o. S. 9 ff.).

ursprünglichen Zugehörigkeit des Fragments zur Statue die Verschiedenheit des Marmors entgegenstand, vermuthete, das Inschriftfragment werde einstmals so zugeschnitten gewesen sein, um der Statue angefügt zu werden, das beweist auch die Art, wie sich Quatremère de Quincy darüber ausdrückt: er sagt (p. 10 f.), dieses mitgefundene Stück könne unmöglich ursprünglich zur Statue gehört haben, und bemerkt dann in der Anmerkung (p. 11 n. 1): „Ce morceau de marbre fut sans doute, à l'époque de la restauration, taillé en biseau".

Die oberflächliche Aehnlichkeit des Bruchs mit der Plinthe der Venus und des Fragments mit einer Schnittfläche, welche er namentlich dadurch erhielt, dass er bei der abgebrochenen Plinthe der Statue wie bei dem Basisfragment schräg läuft, liess die französischen Berichterstatter die wesentlichen Differenzen übersehen, welche nicht, wie jene vielleicht glaubten, aus nachträglicher Beschädigung der Schnittflächen sich erklären lassen, die wesentlichen Verschiedenheiten, über welche uns glücklicher Weise die Zeichnung noch unterrichtet.

Wie schon bemerkt, die Zeichnung ist allerdings nicht völlig genau.

Die antike Basis scheint schräge gelaufen zu sein, wie man noch heute (auch auf Photographien) sehen kann, weil sie etwas über die moderne, in die sie eingelassen war, hervorragt, und schräger, als sie war, hat man sie gewiss nicht gemacht.

Jedenfalls passte aber auch nach der Zeichnung das Basisfragment zudem weder vorn noch hinten in die Linie der Basis der Statue, noch weniger war diess der Fall, wenn die Basis schräge lief, was bei dem Fragment sicher nicht der Fall war. Denn an einer so lange schräg laufenden Linie konnte diess vom Zeichner nicht übersehen werden.

Auch hieraus aber ergiebt sich endlich nur auf's neue wieder, dass an eine Beeinflussung des Zeichners durch vorgefasste Meinungen zu Ungunsten der Zugehörigkeit des Fragments zur Statue am allerwenigsten gedacht werden kann, dass also ihr Zeugniss gegen dieselbe ein völlig unbestreitbares ist.

Im übrigen s. o. S. 9 u. 37. Die Inschrift ist gar nicht mitgefunden, sie muss zu den Acquisitionen des Marquis de Rivière gehören, zu den Stücken, welche dieser als nachträglich gefunden kaufte, die aber gewiss nicht mit der Venus in ihrem Versteck zusammen gefunden worden sind; und das könnte allein in Betracht kommen.[*]

---

[*] Auch der Gedanke, dass die Inschrift zu einer der mitgefundenen Hermen gehört haben könnte (Marcellus im Corresp. a. a. O. p. 296 führt ihn an), noch mehr der, dass sie dann die von Dumont (o. S. 35) erwähnte sein könnte, muss als haltlos zurückgewiesen werden. Abgesehen von allem Andern, wer die Inschrift des Bakchios so gut las und abschrieb, dem kann man noch weit weniger zutrauen, was Marcellus (s. o. S. 37) von sich mit solcher Bestimmtheit zurückweist, dass er die zudem offenbar durchaus nicht unleserliche Künstlerinschrift nicht beachtet habe, und dass er sie nicht wenigstens theilweise habe entziffern können.

Druck der Universitäts-Buchdruckerei von F. W. Kunike in Greifswald.